Sobre a brevidade da vida
&
Sobre o ócio

Dados Internacionais de Catalogação na Publicação (CIP)
(Câmara Brasileira do Livro, SP, Brasil)

Sêneca, ca. 4 a.C.-65 d.C.
  Sobre a brevidade da vida & Sobre o ócio : diálogos estoicos sobre o tempo / Sêneca ; organização, introdução, tradução do latim e notas de Renata Cazarini de Freitas – Petrópolis, RJ : Vozes, 2021. – (Coleção Vozes de Bolso)

  Título original: De brevitate vitae / De otio

  1ª reimpressão, 2023.

  ISBN 978-65-5713-144-2

  1. Conduta 2. Estoicos 3. Ética I. Freitas, Renata Cazarini de. II. Título. III. Série.

21-62343   CDD-188

Índices para catálogo sistemático:
1. Filosofia estoica   188

Cibele Maria Dias – Bibliotecária – CRB-8/9427

Sêneca

Sobre a brevidade da vida
&
Sobre o ócio

Diálogos estoicos sobre o tempo

Organização, introdução, tradução do latim e notas
de Renata Cazarini de Freitas

Vozes de Bolso

Tradução realizada a partir do original em latim intitulado
De brevitate vitae

© desta tradução:
2021, Editora Vozes Ltda.
Rua Frei Luís, 100
25689-900 Petrópolis, RJ
www.vozes.com.br
Brasil

Todos os direitos reservados. Nenhuma parte desta obra poderá ser reproduzida ou transmitida por qualquer forma e/ou quaisquer meios (eletrônico ou mecânico, incluindo fotocópia e gravação) ou arquivada em qualquer sistema ou banco de dados sem permissão escrita da editora.

CONSELHO EDITORIAL

Diretor
Volney J. Berkenbrock

Editores
Aline dos Santos Carneiro
Edrian Josué Pasini
Marilac Loraine Oleniki
Welder Lancieri Marchini

Conselheiros
Elói Dionísio Piva
Francisco Morás
Gilberto Gonçalves Garcia
Ludovico Garmus
Teobaldo Heidemann

Secretário executivo
Leonardo A.R.T. dos Santos

Editoração: Elaine Mayworm
Diagramação: Sheilandre Desenv. Gráfico
Revisão gráfica: Alessandra Karl
Capa: Ygor Moretti

ISBN 978-65-5713-144-2

Este livro foi composto e impresso pela Editora Vozes Ltda.

Omnia tamquam mortales timetis,
omnia tamquam immortales
concupiscitis.
[Temeis tudo como mortais, cobiçais tudo como imortais.]

(*De brevitate vitae*, 3.4)

Sumário

Introdução, 9
Sobre a brevidade da vida, 25
Sobre o ócio, 63

Introdução

Os dois textos reunidos nesta publicação fazem um alerta: não ser dono do próprio tempo é uma miséria existencial. Mas – não se engane – os textos são também, essencialmente, otimistas, pois apontam o convívio com a filosofia como um caminho alternativo à vida atribulada. As pessoas muito ocupadas são vítimas das demandas incessantes de uma sociedade insaciável, porém até que ponto não são elas mesmas responsáveis por isso? Na Roma antiga, esperava-se que os homens da elite atuassem em várias frentes: na esfera judicial, no campo político, na máquina pública, além de cumprirem funções religiosas e atenderem compromissos sociais regulares, como as relações de clientela. O que Sêneca propõe é uma alternativa, uma vida gratificante, que é a prática do ócio. Contudo, é preciso apreender o que era o *otium* exemplar no mundo latino: de jeito nenhum uma maneira pachorrenta de levar a vida. Pelo contrário, Sêneca traça o perfil do praticante do ócio como o de um ser humano cheio de vigor, que se interessa tanto pela contemplação das maravilhas da natureza como pela investigação dos segredos que ela mantém. Os ocupados ou atribulados, que já eram muitos no século I da nossa era, precisavam ser orientados, não apenas recriminados. Esta é a missão destes textos, que vêm aqui traduzidos diretamente do latim.

Lucius Annaeus Seneca, ou simplesmente Sêneca, nasceu em Córdoba, na atual Espanha, numa data incerta entre 4 a.C. e 1 d.C., mudou-se para Roma na infância e passou a juventude no Egito. De volta à capital do império no ano 31, iniciou a carreira pública de um cidadão romano da elite, o chamado *cursus honorum*. Uma década depois, foi exilado na Córsega pelo Imperador Cláudio em razão de uma intriga palaciana, regressando após oito anos para ser preceptor e, a partir do ano 54, conselheiro do imperador romano Nero, para quem chegou a escrever discursos políticos e de quem recebeu o título oficial de *amicus principis* (amigo do príncipe). O alijamento progressivo de Sêneca do círculo mais próximo do imperador levou-o a se recolher, dedicando-se à prática literária e filosófica nos anos finais de sua vida. Ele morreu em 65 d.C., executando o suicídio decretado pelo antigo pupilo, que o tinha como suspeito de envolvimento numa conspiração política.

Sêneca é o mais reconhecido propagador do estoicismo antigo, corrente filosófica helenística fundada por Zenão de Cício (335-263 a.C.) na Grécia e que floresceu em Roma, posteriormente, como uma ética de harmonização com a razão cósmica (*logos*), a providência divina da qual o ser humano participa como um microcosmo. O estoicismo costuma ser estruturado em três momentos: primeiro, médio e tardio ou imperial. Expoente dessa última fase, Sêneca estudou em Roma com o estoico Átalo e com os neopitagóricos Sótion e Papírio Fabiano, orientando-se também pelos ensinamentos de Quinto Sextio, mentor da única corrente filosófica romana, uma combinação entre o estoicismo e o neopitagorismo. Sendo um dos poucos autores da Antiguidade que legaram o que se pode considerar uma obra filosófica em latim, integrando uma lista enxuta e ilustre com Lucrécio (c. 99-c. 55 a.C.) e Cícero (106-43 a.C.), ele se revela interessado na elaboração textual tanto quanto na filosofia, como destaca Miriam T. Griffin (1976, p. 7[1]), que escreveu a principal biografia de Sêneca.

Um dos traços que expõe a atualidade dos textos selecionados para esta publicação é a ideia de tratar o tempo como uma *commodity*[2], cuja propriedade podia ser transferida de um a outro, negociada, por assim dizer, em troca de prestígio. Mercadoria que deveria, então, ser rigorosamente registrada na contabilidade da vida.

> Vejo que chegaste ao ultimato da existência humana, te pesam 100 anos ou mais. Vamos! Retoma o cômputo da tua existência. Calcula quanto desse tempo um credor, quanto uma amante, quanto um rei, quanto um cliente roubou, quanto o litígio conjugal, quanto o castigo aos escravos, quanto

as funções dispersas por toda a cidade. Soma as doenças que nós mesmos nos causamos, soma também o tanto que ficou sem ser usado. Verás que os teus anos serão menos do que a tua idade. Busca na tua memória quando foi que seguiste uma resolução tua, quão poucos dias decorreram como tinhas planejado, quando foi que usufruíste de ti, quando é que estiveste natural o teu semblante, quando estiveste apaziguado o teu espírito, qual o legado da tua existência tão longa, quantos dilapidaram a tua vida sem que percebesses o que perdias, o quanto roubou de ti o vão pesar, a tola alegria, o ávido desejo, a conversa à toa, como te restou tão pouco do que era teu. Entenderás que a tua morte é prematura (SÊNECA. *Sobre a brevidade da vida*, 3.2-3).

O primeiro dos dois diálogos filosóficos deste volume desenvolve um raciocínio que contesta o seu título: *Sobre a brevidade da vida* argumenta que a vida é longa, desde que se saiba vivê-la. Para os estoicos, viver é aprender, por meio da filosofia, a estar pronto para a morte. Para desfrutar do convívio filosófico, o homem precisa retirar-se da vida pública e integrar-se à clientela dos maiores pensadores, vivos ou mortos, eternamente disponíveis por meio de suas obras. Para os estoicos, apenas o sábio, ideal humano de dedicação à filosofia, é virtuoso. A virtude, por sua vez, é estar em plena harmonia com o *logos*. Não é tarefa fácil, mas é possível. Visto que compartilha da razão cósmica, o ser humano pode aspirar a atingir todo o seu potencial intelectual e viver uma vida virtuosa[3]. Viver não é, porém, apenas existir. Viver bem não é, por certo, alcançar longa duração.

Assenhorar-se do momento presente – *protinus uiue!* – essa é a medida do viver da filosofia estoica senequiana. O que não é o mesmo que o mais popular *carpe diem* epicurista, de aproveitar o que o dia tenha a oferecer. "Vive sem demora!", como afirma-se em *Sobre a brevidade da vida* (9.1), implica consciência e plenitude. A filosofia é uma prática diária e, o ócio, uma reclusão ativa, não mera disposição contemplativa.

O aprendiz (*proficiens*) vive o binômio pensar-agir, pois ele se recria dentro do estoicismo, abrindo uma via conciliatória entre a posição estoica de que o sábio pode se inserir na vida pública e a recomendação senequiana do *otium* nos moldes romanos. Como bem elabora Thomas Habinek (DAMSCHEN, 2014, p. 29), os escritos de Sêneca promovem em Roma uma "aristocracia da virtude", uma elite que acumula prestígio social e político por meio de sua associação à ética estoica, preenchendo assim, em parte, a lacuna da participação cívica resultante da concentração de poder nas mãos do imperador. Pode-se dizer que os diálogos, tratados e epístolas de Sêneca integram uma estratégia de reposicionamento do ser humano em relação ao que lhe aguarda em vida.

Nesse sentido, é interessante observar como ganha outra dimensão, diante do corrente problema do isolamento social, o segundo diálogo deste volume: *Sobre o ócio*. O *otium* romano não é o mesmo que férias, assim como não o é o *lockdown* decorrente da pandemia de Covid-19. Sêneca, por exemplo, praticou o *otium* quando esteve exilado de Roma e quando esteve alijado de Nero. Em tais circunstâncias de isolamento, soa adequada a dramaticidade da frase sentenciosa estampada numa de suas epístolas:

> *Otium sine litteris mors est et hominis uiui sepultura* (Ep. 82.3).
> O ócio sem a literatura é morte e sepultura para o homem em vida (SÊNECA, 2016, p. 119).

Talvez essa formulação leve à associação imediata com o chamado "ócio criativo", conceito elaborado pelo sociólogo italiano Domenico De Masi, que localiza na sociedade pós-industrial, ou seja, posterior à Segunda Guerra Mundial, as atividades humanas convertendo-se mais e mais numa síntese de trabalho, estudo e lazer. Essa tende a ser a nova modalidade de atuação em sociedade para uma parte significativa da população mundial, aquela que opera na esfera dos serviços e dos produtos intangíveis. Essa gente estará gerando e girando capital intelectual 24 horas por dia, pois carrega consigo a máquina de pensar[4].

Mas é na Atenas clássica do século V a.C. que o sociólogo do trabalho localiza o surgimento do "ócio criativo" como um modo de vida, graças às condições então favoráveis para a confluência não só de mentes geniais, estimulando umas às outras na ágora e no teatro, mas também de fatores como a democracia participativa e a disponibilidade de mão de obra escrava. Em Roma e no seu vasto império, sustenta o pesquisador, é nas grandes casas de banho públicas (*balneae*), um sistema original e eficaz de convívio, que o ócio criativo é praticado. Sêneca apregoa uma prática do ócio distinta, que valoriza não o agrupamento, mas o afastamento, mesmo com vistas ao bem coletivo, como detalha na epístola 8.1-2:

> Decidi me recolher e fechar as portas para que eu possa ser útil a muitos. Nenhum dia me escapa durante a prática do ócio e reivindico uma parte das noites para os estudos. Não reservo tempo para o sono, mas sucumbo a ele. Mantenho os meus olhos no trabalho, já quase fechando, fatigados pela vigília. Eu me afastei não apenas das pessoas, mas das obrigações e, acima de tudo, das minhas obrigações: meu negócio agora é com a posteridade[5].

O autor latino teve sucesso no seu intento de ser reconhecido pelos que vieram depois. Sua fortuna crítica é rica e a recepção – positiva ou negativa – à sua obra, ininterrupta. A noção paradoxal da prática do ócio como trabalho intenso, citada acima, aparece, por exemplo, em Francesco Petrarca (1304-1374), que colocava *Sobre a brevidade da vida* entre seus livros favoritos (*libri mei peculiares*) e de onde extrai elementos para formular a proposta da obra

De uita solitaria, cuja primeira versão é de 1346 e a final, de 1371, de que o ócio se constitui de estudo diligente, reflexão e redação, hábitos simples e autocontrole, proximidade com a natureza e amizade.

Do mesmo modo que se postula acerca de Sêneca que ele tenha sido uma figura de transição entre o paganismo e o cristianismo, também Petrarca é considerado um elemento transicional ao promover a secularização de valores, que acaba resultando na Renascença europeia. Como salienta Julia Conaway Bondanella, embora inserido na realidade cristã de seu tempo, Petrarca não repudia esta vida em favor da vida eterna, nem despreza o ambiente intelectual em favor do espiritual[6]. Como também Armando Maggi destaca, Petrarca não contrapõe o exercício intelectual entre o religioso e o profano, pelo contrário, recorre a adjetivos como "sagrada" e "profética" para definir tanto a poesia como a filosofia[7].

Para um estoico da Antiguidade pré-cristã como Sêneca, o sumo bem é estar em harmonia com a própria natureza humana, concebida tanto para a contemplação quanto para a ação:

> A natureza nos deu uma mente curiosa e, ciente da sua arte e da sua beleza, nos concebeu como espectadores dos seus espetáculos grandiosos, que seriam desperdiçados se sua obra tão magnífica, tão radiante, tão sutilmente delineada, tão esplêndida e encantadora na sua variedade fosse ostentada na solidão. [...] Não, de fato,

> não temos a dimensão do todo, mas nossa visão abre sua própria via de investigação e se fundamenta na busca da verdade para que o nosso questionamento ultrapasse o óbvio e alcance o oculto, e venha a descobrir o que é mais antigo que o próprio mundo (*Sobre o ócio*, 5.3-5).

Apesar desse discurso de valorização da mente investigativa, a produção filosófica de Sêneca já foi muito atacada sob a alegação de ser, simultaneamente, carente de especulação e grandiloquente[8]. Carregada de força retórica, com jogos de palavras e frases de efeito (*sententiae*), a escrita senequiana tem um apelo para a atualidade. Seus diálogos filosóficos não atendem à expectativa da forma dos diálogos platônicos ou mesmo ciceronianos, de personagens em frequente interlocução, no entanto, são marcados pela informalidade da conversa, dirigindo-se o chamado "eu autoral" a um interlocutor, um "tu", que nem sempre será o dedicatário do texto, mas um leitor desconhecido, um aprendiz na posteridade. Ocorre ainda, por vezes, de o autor fazer um chamado coletivo a um "vós", como se a instar ou o povo romano de sua época ou a comunidade universal atemporal a se tornar consciente, refletindo com ele.

Sobre a brevidade da vida é um diálogo filosófico endereçado a Paulino, como se constata na primeira linha. Supõem-se que Pompeius Paulinus tenha sido sogro de Sêneca, cuja esposa, como era tradição romana, levava o nome do pai, Pompeia Paulina. Paulino teria exercido, entre os anos 48 e 55 d.C., a função de prefeito da anona (em latim, *praefectus annonae*), o intendente do abastecimento público de grãos, alto cargo na burocracia estatal romana, do qual Sêneca propõe que ele se afaste para dedicar-se à filosofia. Paulino teria sido precedido nessa função pelo primeiro intendente, Gaius Turranius, que mobilizou o cargo entre 14 e 48 d.C. – e é ele que, supostamente, Sêneca cita em *Sobre a brevidade da vida* (20.3). Quem teria sucedido Paulino no cargo, de 55 a 62 d.C., é Lucius Faenius Rufus, que chegou a prefeito da guarda pretoriana (em latim, *praefectus praetorio*), sucedendo o importante Sextus Afranius Burrus no cargo em 62. A morte de Rufus ocorre em 65, no mesmo ano e sob a mesma acusação feita contra Sêneca.

É especulativo, mas pesquisadores consideram que o diálogo tivesse também o propósito de forçar a liberação do cargo para a indicação deste outro membro da ordem equestre. Essa suposição, se de um lado ajuda numa tentativa de datação do texto, por outro, gera certo desconforto, pois Sêneca estaria em plena atividade pública nessa época, após seu regresso do exílio. Mas, diante do que poderia parecer hipocrisia do autor, Gareth D. Williams, autor do estudo de referência para esta publicação, faz o seguinte contraponto: "Alternativamente, *Sobre a brevidade da vida* pode ser vista não tanto como a obra de um hipócrita, mas como a encarnação de sua própria mensagem: mesmo em meio à vida agitada da aristocracia, Sêneca exercita, por meio da sua escrita, a mesma autoconsciência sobre o valor do tempo que seu tratado promove em outras pessoas"[9] (SÊNECA, 2014, p. 109).

Mais arriscado é dizer a quem se destina o diálogo *Sobre o ócio*, já que não chegou a nós o início do texto – lacuna, provavelmente, de pequena extensão – e foi apagado o nome do dedicatário junto ao título. Também não há certeza sobre a integridade do desfecho, no entanto, o que temos sustenta o diálogo como uma argumentação sobre a cosmopolítica estoica merecedora de toda atenção. Pesquisadores sugerem que o texto tenha sido endereçado a Annaeus Serenus, ou Sereno, para quem Sêneca escreveu também os diálogos *Sobre a firmeza do sábio* (*De constantia sapientes*) e *Sobre a tranquilidade da alma* (*De tranquilitate animi*). Se foi mesmo Sereno, prefeito dos vigilantes (*praefectus uigilum*), o corpo de bombeiros de Roma, ele morreu entre 62 e 63, perda que o autor latino lamenta profundamente na epístola 63.14: "Sou eu que te escrevo estas coisas, eu que chorei descontroladamente pelo caríssimo Aneo Sereno a ponto de me encontrar – coisa que eu não queria de jeito nenhum – entre os exemplos dos que foram vencidos pela dor. Contudo, hoje condeno o que fiz e entendo que a causa principal de tê-lo lastimado assim foi que eu jamais havia considerado que ele pudesse morrer antes de mim. Só me ocorria que ele era mais jovem e muito mais jovem que eu. Como se houvesse ordem no destino!" (SÊNECA, 2016, p. 88).

A transmissão textual é sempre problemática, ainda mais quando se trata de obras da Antiguidade. Pode-se considerar um acidente histórico que um texto sobreviva e outro não, além dos que subsistem de forma fragmentária. Dez diálogos filosóficos de Sêneca foram preservados no principal manuscrito, chamado *Codex Ambrosianus*, do século XI, do qual fazem parte os dois traduzidos nesta obra. A divisão de textos em prosa em capítulos, à qual estamos acostumados, é algo desconhecido na Antiguidade. A numeração que consta dos textos é uma tentativa muito posterior de facilitar a navegação, separando tópicos. A numeração definida na edição latina dos diálogos foi preservada, sendo da maior relevância para citações e referências, mas não se viu a necessidade, nesta tradução, de seguir a mesma distribuição de parágrafos, alterada para favorecer sempre o andamento da leitura como se fosse uma escrita em voz alta.

Niterói, janeiro de 2021.

Principal obra de referência

SÊNECA. *De otio / De breuitate uitae*. Cambridge: Cambridge University Press, 2003 [Texto latino, com intr. e notas em inglês – Cambridge Greek and Latin Classics] [Ed. de G.D. Williams].

Outras edições de obras de Sêneca

SÊNECA. *Sobre a brevidade da vida / Sobre a firmeza do sábio* – Diálogos. São Paulo: Penguin Classics/Companhia das Letras, 2017 [Trad. de José Eduardo Lohner].

_____. *Edificar-se para a morte* – Das cartas morais a Lucílio. Petrópolis: Vozes, 2016 [Sel., introd., trad. e notas de Renata Cazarini de Freitas].

_____. *Hardship and Hapinness* – The Complete Works of Lucius Annaeus Seneca. Chicago/Londres: The University of Chicago Press, 2014 [Ed. de Elizabeth Asmis, Shadi Bartsch e Martha C. Nussbaum] [Trad. de Elaine Fantham, Harry M. Hine, James Ker e Gareth D. Williams].

_____. *La brevità della vita*. Milão: BUR, 2010 [Introd., trad. e notas de Alfonso Traina voltados para o texto latino].

_____. *La brevità della vita*. Turim: Loescher, 2009 [Texto latino com comentários de Alfonso Traina].

_____. *Sobre a tranquilidade da alma / Sobre o ócio*. São Paulo: Nova Alexandria, 2001 [Ed. bilíngue] [Trad., notas e apresent. de José Rodrigues Seabra Filho].

_____. *Tutte le opera* – Dialoghi, trattati, lettere e opere in poesia. Milão: Bompiani, 2000 [Org. de Giovanni Reale, com a col. de Aldo Marastoni, Monica Natali e Ilalia Ranelli].

_____. *L. Annaei Senecae Naturalium quaestionum libros*. Stuttgart: B.G. Teubner, 1996 [Reconhecido por Harry M. Hine].

_____. *Sobre a brevidade da vida*. São Paulo: Nova Alexandria, 1993 [Ed. bilíngue] [Trad., notas e introd. de William Lee].

_____. *L. Annaei Senecae Dialogorum libri duodecim*. Oxford: Oxford University Press, 1988 [Reconhecido em uma breve introd. e coment. de L.D. Reynolds].

_____. *De otio* (dial. VIII). Bréscia: Paideia, 1983 [Texto e aparato crítico com introd., vers. e coment. de Ivano Dionigi].

_____. *L. Annaei Senecae Ad Lucilium epistulae morales*. 2 vols. Oxford: Oxford University Press, 1965 [Introd. e coment. de L.D. Reynolds].

_____. *De breuitate uitae*. Londres: Harvard University Press, 1932 [The Loeb Classical Library] [Trad. de John. W. Basore].

Outras referências bibliográficas

BONDANELLA, J.C. "Petrarch's Rereading of *Otium* in *De uita solitaria*". In: *Comparative Literature*, vol. 60, n. 1, inv./2008, p. 14-28.

BRAGOVA, A. "The Concept *cum dignitate otium* in Cicero's Writings". In: *Studia Antiqua et Archaeologica*, vol. 22, n. 1, 2016, p. 45-49. Romênia.

DAMSCHEN, G. & HEIL, A. (eds.). *Brill's Companion to Seneca* – Philosopher and Dramatist. Leiden: Brill, 2014.

DE MASI, D. *Il lavoro nel XXI secolo*. Roma: Einaudi, 2018.

DIONIGI, I. *Protinus uiue* – Colloquio sul *De breuitate uitae* di Seneca. Bolonha: Pàtron, 1995.

_____. "Commento". In: SÊNECA. *De otio* (dial. VIII). Bréscia: Paideia, 1983 [Texto e aparato crítico com introd., vers. e coment. de Ivano Dionigi].

FOWLER, D. *Lucretius on Atomic Motion*: A Commentary on *De rerum natura*. Oxford: Oxford University Press, 2002 [liv. 2, l. 1-332].

GRIFFIN, M.T. *Seneca, a Philosopher in Politics*. Oxford: Oxford University Press, 1976.

GUIDI, F. *Vacanze romane* – Tempo libero e vita quotidiana nell'antica Roma. Roma: Mondadori, 2015.

KIRKHAM, V. & MAGGI, A. (eds.). *Petrarch*: A Critical Guide to the Complete Works. Chicago/Londres: The University of Chicago Press, 2009.

LAARMANN, M. "Seneca the Philosopher". In: DAMSCHEN & HEIL (eds.). *Brill's Companion to Seneca* – Philosopher and Dramatist. Leiden: Brill, 2014.

MAGGI, A. "'You will be may solitude': Solitude as Prophecy – *De uita solitaria*". In: KIRKHAM & MAGGI (eds.). *Petrarch*: A Critical Guide to the Complete Works. Chicago/Londres: The University of Chicago Press, 2009.

MORIN, E. *Os sete saberes necessários à educação do futuro*. São Paulo/Brasília: Cortez/Unesco, 2000 [Trad. Catarina Eleonora F. da Silva e Jeanne Sawaya] [Rev. téc. de Edgard de Assis Carvalho].

NÓTÁRÍ, T. "Cum dignitate otium – Remarks on Cicero's Speech in Defence of Sestius". In: *Fundamina* – Journal of Legal History, vol. 22, n. 2, 2016, p. 273-289.

PIERINI, R.D.'I. "Freedom in Seneca: Some Reflections on the Relationship between Philosophy and Politics, Public and Private Life. In: WILDBERGER, J. & COLISH, M.L. (eds.). *Seneca Philosophus*. Berlim: De Gruyter, 2014, p. 167-187.

REYDAMS-SCHILS, G. *The Roman Stoics*. Chicago/Londres: The University of Chicago Press, 2005.

SCHOFIELD, M. *The Stoic Idea of the City*. Chicago/Londres: The University of Chicago Press, 1999.

TRAINA, A. *Lo stile "drammatico" del filosofo Seneca*. Bolonha: Pàtron, 2011.

_____. "Commento". In: SÊNECA. *La brevità della vita*. Turim: Loescher, 2009 [Texto latino com coment. de Alfonso Traina].

WILLIAMS, G.D. "Introduction and Commentary". In: SÊNECA. *De otio / De breuitate uitae*. Cambridge: Cambridge University Press, 2003 [Cambridge Greek and Latin Classics] [Ed. de G.D. Williams].

Sobre a brevidade da vida

[1.1] A maioria das pessoas, Paulino[10], se queixa da mesquinhez da natureza, porque somos gerados para uma duração exígua, porque esse tempo que nos é dado transcorre com tanta velocidade, com tanta rapidez, que, exceto bem poucos, os demais a vida abandona ainda nos preparativos para a vida. E deste mal, que é universal, não se lamentou apenas a multidão, o vulgo incauto, também de homens ilustres este sentimento[11] arrancou queixas. Vem daí aquela frase marcante do maior dos médicos[12], que "longa é a arte, tão breve a vida". [1.2] Vem daí a litigância, em nada condizente com um homem sábio, aberta por Aristóteles[13], cobrando da natureza que ela privilegiou animais com idade tal que podem durar cinco ou dez gerações, enquanto o ser humano, nascido para tantas coisas magníficas, tem um prazo tão mais curto.

[1.3] O tempo que temos não é exíguo, mas o desperdiçamos muito. A vida é bastante longa e nos foi dada com largueza para a realização das coisas mais importantes desde que bem alocada por inteiro. Mas quando se dispersa no luxo e na distração, quando não é despendida em nada que é bom, só então, face a face com o inevitável fim, percebemos que passou aquela que não nos demos conta de que passava. [1.4] É assim: não recebemos, mas fazemos a vida breve, e não somos desfalcados dela, mas pródigos. Tal como uma grande fortuna, digna de um rei, que foi parar com um mau senhor e se dissipa num instante, porém, mesmo que modesta, se entregue a um bom guardião, se multiplica, assim, os anos que nos cabem franqueiam muito a quem faz um bom planejamento.

[2.1] Por que nos queixamos da natureza? Ela foi benevolente: a vida, sabendo usá-la, é longa. Mas a avareza insaciável controla um. Outro, a árdua dedicação a tarefas inúteis. Um se embriaga de vinho. Outro se entorpece de desânimo. Um se exaure na ambição política de obter sempre aprovação alheia. Outro se deixa levar ao redor, por todas as terras e por todos os mares, pelo incontrolável desejo do comércio, na expectativa de obter lucro.

Alguns se rendem ao fascínio militar, constantemente dedicados a pôr outros em perigo e aflitos com o próprio risco. Uns tantos são consumidos pela ingrata adulação aos poderosos, num servilismo voluntário. [2.2] Muitos foram dominados pela inveja da fortuna alheia[14] ou pelo lamento acerca da própria sorte. A maioria, que não dá prosseguimento a nada, foi jogada de uma novidade para outra pela sua frivolidade, que é errante e inconstante e consigo mesma displicente. Alguns nem decidem que caminho seguir, sendo pegos pelo destino esmorecentes e bocejantes[15], de modo que eu não duvido que seja verdadeiro o dito, à moda de oráculo, que consta no maior dos poetas[16]: "É exígua a parte da vida que vivemos". Todo o resto, de fato, não é vida, mas tempo.

[2.3] Vícios acossam e assediam de todo lado e não deixam reerguer e elevar os olhos na prospecção da verdade, ao contrário, os mantêm imersos e fixos no desejo. Essas pessoas nunca conseguem voltar-se para si mesmas. Se acontece alguma vez uma calmaria inesperada, como se fosse o mar profundo, onde persiste a turbulência mesmo após a ventania, ficam agitados e não têm jamais um descanso[17] dos seus desejos. [2.4] Achas que falo desses cujas misérias são escancaradas? Olha para aqueles cuja felicidade é disputada: são sufocados pelos seus bens. Para quantos a riqueza é onerosa! De quantos tiram o sangue a eloquência e a ocupação diária de exibir o seu talento! Quantos até perdem a cor em prazeres sem pausa! Para quantos o cerco da numerosa clientela[18] não deixa liberdade alguma!

Enfim, passa em revista todos esses, dos menos até os mais importantes: este homem reclama ajuda no tribunal, este aqui se prontifica. Aquele homem é julgado, aquele ali o defende, aquele outro o sentencia. Ninguém toma posse de si[19]. Consomem-se uns aos outros. Pergunta sobre estes nomes que estão na memória e verás que serão identificados por estes traços: fulano adula beltrano, que adula cicrano. Ninguém é dono de si.

[2.5] Então, é uma insanidade a indignação de alguns: queixam-se do descaso dos poderosos porque não arranjaram tempo para recebê-los quando queriam visitá-los! Como ousa se queixar da soberba de outro alguém que nem arranja tempo para si? Contudo, aquele homem eminente, sendo tu quem és, chegou a virar-se para te olhar, embora com semblante insolente. Aquele homem emprestou os seus ouvidos às tuas palavras. Aquele homem te recebeu ao seu lado. Tu jamais te dignaste a deitar os teus olhos e ouvidos para ti mesmo. Assim, não há razão para que cobres de qualquer um essas funções, uma vez que tu, quando as cumprias, não querias, de fato, estar com outra pessoa, é que não conseguias estar contigo mesmo.

[3.1] Ainda que todas as mentes que já brilharam concordem só nisso, nunca deixarão de se surpreender com o pensamento embotado dos seres humanos. Não suportam que ninguém invada suas propriedades, e recorrem a pedras e a armas se há a mínima disputa de fronteiras. Mas na sua vida deixam que outros se instalem, na verdade, eles mesmos até introduzem os futuros proprietários. Não se encontra ninguém que queira repartir o seu dinheiro.

Mas a vida cada um distribui entre tantas

pessoas! Rigorosos no controle do seu patrimônio, quando se trata do dispêndio de tempo, são perdulários ao extremo com a única coisa com a qual ser avarento é louvável.

[3.2] Por isso, dá até vontade de abordar um dos mais idosos, que são muitos: "Vejo que chegaste ao ultimato da existência humana, te pesam 100 anos ou mais. Vamos! Retoma o cômputo da tua existência. Calcula quanto desse tempo um credor, quanto uma amante, quanto um rei, quanto um cliente roubou, quanto o litígio conjugal, quanto o castigo aos escravos, quanto as funções dispersas por toda a cidade. Soma as doenças que nós mesmos nos causamos, soma também o tanto que ficou sem ser usado. Verás que os teus anos serão menos do que a tua idade. [3.3] Busca na tua memória quando foi que seguiste uma resolução tua, quão poucos dias decorreram como tinhas planejado, quando foi que usufruíste de ti, quando é que esteve natural o teu semblante, quando esteve apaziguado o teu espírito, qual o legado da tua existência tão longa, quantos dilapidaram a tua vida sem que percebesses o que perdias, o quanto roubou de ti o vão pesar, a tola alegria, o ávido desejo, a conversa à toa, como te restou tão pouco do que era teu. Entenderás que a tua morte é prematura".

[3.4] Logo, o que é que está em causa? Viveis[20] na expectativa de viverdes para sempre. Nunca vos ocorre a vossa própria fragilidade, não notais quanto do tempo já se passou. Vós o desperdiçais como se fosse farto e abundante, enquanto aquele exato dia cedido a alguém ou a alguma coisa talvez seja o último. Temeis tudo como mortais, cobiçais tudo como imortais.

[3.5] Ouvirás a maioria dizendo: "A partir dos 50 anos vou me recolher ao ócio, meus 60 anos vão me liberar das funções"[21]. E quem te garante uma vida mais longa? Quem consentirá que as coisas corram como tu planejas? Não te causa vergonha reservar para ti restos de vida e destinar ao cultivo da mente só esse tempo, que não daria para empregar em coisa alguma? Como se demora quem começa a viver quando já chegou sua hora![22] Que esquecimento tão estúpido da própria mortalidade é distender resoluções sensatas para os 50 e 60 anos e daí, até onde poucos chegaram, querer dar início à vida.

[4.1] De pessoas poderosíssimas que chegaram ao topo, verás que escapam falas nas quais desejam, elogiam e preferem o ócio a todos os seus bens. Anseiam, nalgum momento, se for seguro, descer daquele seu pedestal, pois ainda que nenhuma ameaça externa abale a fortuna, o seu peso é a sua própria ruína[23].

[4.2] O Divino Augusto[24], a quem os deuses prestigiaram mais do que a qualquer outro, não deixou de suplicar por tranquilidade e de almejar um descanso da república[25]. Toda vez que se manifestava, voltava sempre ao mesmo assunto, que ele contava ainda ter o seu ócio. Com este consolo, mesmo que falso, porém doce, ele se distraía dos seus labores: um dia ele haveria de viver para si mesmo. [4.3] Numa carta enviada ao Senado, depois de ter prometido que o seu retiro não seria privado de dignidade[26] nem discrepante da sua glória passada, encontrei as seguintes palavras: "Mas essas coisas são mais fáceis de prometer do que de cumprir. No entanto, a ansiedade por esse tempo que tanto desejo me levou a antecipar um pouco do prazer saboreando as palavras, uma vez que a realização dessa alegria ainda demora"[27].

[4.4] O ócio lhe pareceu algo tão especial que o concebia em pensamento, já que não podia desfrutá-lo. Esse homem, que via que tudo dependia só dele, que ditava a fortuna de pessoas e de povos, pensava felicíssimo naquele dia em que se despojaria da própria magnificência. [4.5] Ele tinha vivenciado quanto suor exigiam aqueles bens que reluziam nos territórios todos, quantas atribulações ocultas encobriam: forçado a pegar em armas, primeiro, contra cidadãos, então, contra colegas[28], por fim, contra parentes, derramou sangue por terras e mares. Levado pela guerra a circular através da Macedônia, Sicília, Egito, Síria e Ásia[29] e por quase todos os litorais, redirecionou os exércitos, já cansados da matança de romanos, para as guerras no exterior. Enquanto pacifica os Alpes e domina inimigos, incorporados à *pax* e ao império, enquanto amplia as fronteiras para além do Reno, do Eufrates e do Danúbio, na própria Urbe afiavam-se contra ele as lâminas de Murena, Cepião, Lépido, Egnácio e outros[30].

[4.6] Ainda nem tinha escapado das armações destes homens, sua filha[31] e muitos jovens aristocratas, adeptos do adultério como se de um sacramento, ficavam aterrorizando sua idade já avançada: Iulo[32] e, de novo, uma temível mulher na companhia de um Antônio[33]. Extirpara esses abcessos com membros e tudo, outros irrompiam. Como se fosse um corpo saturado de sangue, sempre havia hemorragia em alguma parte. Assim, ele desejava o ócio. Esperando por ele e pensando nele, suportava os seus labores. Era esse o pedido de quem podia atender pedidos.

[5.1] Cícero[34], atirado a Catilinas e Clódios[35], também a Pompeus e Crassos[36] (aqueles, inimigos declarados; estes, amigos duvidosos), enquanto fica à deriva com a república e a sustenta quando está afundando, sendo afastado depois de tudo, nem tranquilo na prosperidade, nem paciente na adversidade, quantas vezes abomina aquele seu mesmo consulado elogiado não sem razão, mas sem limites[37].

[5.2] Como se expressa de modo lamentável em certa epístola a Ático![38] Com Pompeu, o pai, já derrotado, o filho ainda realinhando as tropas fragmentadas na Espanha[39], Cícero diz:
 "Perguntas o que faço aqui? Aguardo, na

minha *uilla* de Túsculo, semilivre". Acrescenta outras palavras na sequência e lastima o passado e se queixa do presente e se desespera quanto ao futuro. [5.3] "Semilivre" foi o que Cícero disse que era, mas – por Hércules! – um sábio nunca vai se adequar a termo tão rebaixado, nunca será semilivre, terá sempre total e completa liberdade, independente e senhor de si, estará acima dos restantes. De fato, o que é que pode estar acima de quem está acima da fortuna?

[6.1] Lívio Druso[40], homem arguto e convincente, depois de ter promovido leis radicais e maléficas como as dos Gracos[41], pressionado por enorme mobilização de toda a Itália, não vendo saída para sua política, que não era possível executar e já não era livre para abandonar uma vez iniciada, tendo execrado, segundo dizem, sua vida desde sempre intranquila, dizia que ele era o único que jamais tivera a chance de dias de folga, nem mesmo quando menino. De fato, ainda um menor e vestindo a pretexta[42], ousou discursar em favor dos réus aos jurados e impor seus préstimos ao foro com tal eficácia que consta ter arrebatado certas causas. [6.2] Ambição tão prematura não daria nisso? Era fácil saber que uma audácia tão precoce resultaria num enorme mal tanto na esfera privada como na pública. Assim, se queixava com atraso de não ter tido a chance de nenhum dia de folga, sendo desde menino sedicioso e gravoso ao foro. Debate-se se ele se matou[43]. De fato, sucumbiu subitamente de um ferimento recebido na virilha, havendo quem duvide de que fosse voluntária a sua morte, ninguém de que ela fosse oportuna.

[6.3] É supérfluo mencionar mais nomes que, embora a outros parecessem felicíssimos, deram eles mesmos verdadeiro testemunho contra si ao odiarem cada ação de suas vidas, porém, com esses queixumes, não mudaram nem aos outros nem a si mesmos, pois, logo que desabafaram, os velhos sentimentos voltaram.

[6.4] Por Hércules! Vossa[44] vida, ainda que exceda mil anos, será reduzida ao mínimo: esses vícios devorarão cada século. Na verdade, esse período, que a razão dilata, sendo naturalmente corrido, é inevitável que vos escape logo. De fato, nada fazeis nem para controlar, nem para deter, nem para retardar a mais veloz de todas as coisas, mas a deixais escapar como coisa supérflua e remediável.

[7.1] Ora, em primeiro plano coloco aqueles que não encontram tempo para mais nada a não ser para o vinho e para a libido – de fato, ninguém se ocupa de modo mais torpe. Os demais, mesmo que sejam conquistados pela imagem vã da glória, no entanto, erram com elegância. Ainda que enumeres para mim os avarentos, ainda que enumeres os iracundos, os que cultivam ódios injustos ou guerras, todos pecam de modo mais viril: é desonrosa a degradação dos que se entregam ao ventre e à libido. [7.2] Examina cada minuto dessa gente, observa quanto levam calculando, quanto conspirando, quanto temendo, quanto adulando, quanto sendo adulados, quanto se ocupam com intimações judiciais suas e alheias, quanto se ocupam com banquetes, que já por si são funções: verás como nem suas misérias nem suas fortunas lhes deixam respirar.

[7.3] Afinal, todos concordam que uma pessoa ocupada não exerce bem nenhuma atividade, nem a eloquência, nem as artes liberais, visto que o espírito dividido não é receptivo a nada mais profundo e rejeita todas essas coisas como se lhe fossem impostas. Nada é menos natural para uma pessoa ocupada do que saber viver, nenhuma ciência é mais difícil[45]. Por todo lado, há os que professam – e são muitos – outras artes. Algumas delas até meninos pareceram ter aprendido tanto a ponto de poderem mesmo ensiná-las. Mas viver se aprende ao longo da vida toda e, talvez mais incrível, ao longo da vida toda se aprende a morrer[46]. [7.4] Quantos dos maiores homens, já afastados de todos os seus impedimentos, uma vez que tinham renunciado às riquezas, às funções, aos prazeres, perseguiram até o final da sua existência isto e isto apenas: saber viver. No entanto, muitos deles deixaram a vida tendo confessado que ainda não o sabiam, de maneira que sabe menos ainda aquela gente de que falei.

[7.5] Acredita em mim, é natural para um grande homem, um que está acima dos erros humanos, não deixar que tomem nada do seu tempo e, por isso, sua vida é longuíssima, porque tanto quanto lhe foi franqueado ele reservou totalmente para si. Nada daí ficou esquecido e ocioso[47], nada ficou à mercê de outro e, de fato, ele não encontrou coisa nenhuma que valesse trocar pelo seu tempo, sendo guardião tão parcimonioso. Assim, para ele foi o suficiente, porém necessariamente fez falta para aqueles de quem o povo tirou muito da vida. [7.6] E não há por que pensar que eles não se dão conta, vez ou outra, do seu prejuízo. Com certeza, ouvirás exclamar, de vez em quando, a maioria dessa gente, sob o peso da sua magnífica prosperidade, entre rebanhos de clientes, sessões nos tribunais e demais misérias honrosas: "Não me deixam viver!"

[7.7] E por que deixariam? Todos que te reclamam para si te roubam de ti[48]. Aquele réu te furtou quantos dias? Quantos aquele candidato? Quantos aquela idosa, exausta de enterrar herdeiros? Quantos aquele que se fingiu de doente para açular a ganância dos que caçam heranças?[49] Quantos o amigo mais poderoso, aquele que vos[50] considera parte do seu séquito, mas não do seu círculo de amizades? O que eu digo é: faz o balanço e a contabilidade dos dias da tua vida. Verás como só te sobraram mesmo umas poucas migalhas.

[7.8] O homem que alcançou a desejada magistratura anseia abandoná-la e diz repetidas vezes: "Quando vai acabar este ano?" O patrocinador de espetáculos populares que apreciou muito ter essa sorte fala: "Quando estarei livre deles?" O advogado que é disputado pelo foro todo e o lota com grande público até onde não se pode ouvi-lo comenta: "Quando será o recesso?" Cada um deles, acelerando a sua vida, sofre da ansiedade com o futuro e do tédio com o momento presente. [7.9] Mas aquele que converte em benefício próprio todo o seu tempo, que planeja cada dia como se fosse o último, nem deseja nem teme o amanhã. Lógico, que novo momento prazeroso ainda poderia acontecer? Ele conheceu de tudo, experimentou de tudo à saciedade. Que a fortuna governe o restante como quiser: sua vida já está garantida. A ela só se pode somar, subtrair nunca, e somar como quem dá de comer a quem está pleno e satisfeito, que aceita, mas nem tem vontade.

[7.10] Assim, não é que, por causa de cabelos brancos ou de rugas, se possa sair dizendo de qualquer um que viveu bastante. Ele não viveu bastante, mas durou bastante[51]. Pode-se dizer, de fato, que navegou muito quem foi lançado pra lá e pra cá por uma severa tempestade que o arrancou do porto e o fez ficar girando no mesmo lugar ao sabor dos ventos violentos sem direção?[52] Ele não navegou muito, mas se movimentou muito.

[8.1] Sempre me surpreendo quando vejo alguns que demandam tempo de outros que o cedem com facilidade: ambos se concentram na motivação do pedido, nenhum deles, no tempo propriamente. Como se não fosse nada o que se pede, como se não fosse nada o que se cede. Brinca-se com o que há de mais valioso. No entanto, se deixam enganar porque é um incorpóreo[53], porque ele não se revela aos olhos, daí ser pouquíssimo valorizado. Pior, praticamente não tem valor[54]. [8.2] A pecúlios e benefícios[55], as pessoas atribuem muitíssimo valor e alocam nisso seu esforço, seu empenho, sua dedicação. Ninguém valoriza o tempo: é gasto à toa, como se fosse de graça. Mas essas mesmas pessoas[56] tu verás abraçando os joelhos dos médicos se a morte se aproxima[57], dispostos a gastar tudo o que têm para continuar vivendo se temem a pena capital, tão discordantes são os seus sentimentos.

[8.3] Se pudesse ser revelada a cada um, do mesmo modo que a conta dos seus anos passados, também a conta dos seus anos futuros, como estremeceriam aqueles que vissem que lhes restam poucos, como os poupariam! Claro que é fácil dosar o que, embora seja exíguo, é garantido[58]; o que não se sabe quando faltará é que deve ser preservado com mais cuidado. [8.4] E não dá pra dizer que ignoram como o tempo é precioso. Costumam dizer a quem amam intensamente que estão prontos a entregar anos da sua vida[59]. Entregam e nem se dão conta. E essa entrega é tal que, sem ganho para aqueles, eles se prejudicam. Mas é isso mesmo que não sabem: que se prejudicam. Por isso, toleram o desperdício, não sendo evidente o prejuízo.

[8.5] Ninguém vai te ressarcir esses anos, ninguém vai te restituir a ti mesmo. A existência seguirá o percurso iniciado, sem paradas, sem retomadas. Ela escapará silenciosa, sem dar sinais, sem dar avisos da sua velocidade. Ela não se prolongará nem pelo poder de um rei, nem pelo favor do povo. Vai transcorrer como foi encaminhada desde o primeiro dia, sem qualquer desvio, sem qualquer delonga. O que vai acontecer? Tu estás ocupado, a vida se apressa. Nesse ínterim, virá a morte, para a qual deve-se estar disponível, quer queiras quer não.

[9.1] Pode haver algo mais leviano do que a opinião dessas pessoas que se jactam de serem previdentes"[60] Ocupam-se mais para que possam viver melhor, preparam a vida ao custo da própria vida. Só pensam no longo prazo. Ora, o maior desperdício da vida é a protelação. Ela expulsa cada novo dia, ela expropria o presente enquanto o porvir é só uma promessa. O maior entrave ao viver é a expectativa, que depende do amanhã, despreza o hoje. O que está nas mãos da Fortuna planejas, o que está nas tuas descartas?![61] O que tens em vista? Qual teu horizonte? Tudo o que está por vir fica na incerteza: vive sem demora![62]

[9.2] Eis que o vate máximo proclama e entoa, como se inspirado por lábios divinos[63], este canto salvífico: "São os melhores os primeiros dias que fogem, um a um, da existência dos míseros mortais"[64]. Ele está dizendo: "Por que procrastinas? Por que te estancas? Se não ocupas o dia, ele foge". E ainda que o tiveres ocupado, fugirá mesmo assim. Desse modo, é preciso combater a celeridade do tempo recorrendo à velocidade, e é preciso hauri-lo depressa como se jorrasse de uma rápida torrente que não há de durar para sempre. [9.3] Também é excelente a maneira como recrimina a procrastinação sem fim, já que não diz "as melhores fases da vida", mas "os melhores dias". Por que é que tu, desatento e lento em meio a tal fugacidade do tempo, esticas teus meses e anos numa longa sucessão como aprouve à tua avidez? O vate fala contigo sobre *um* dia, e justo deste que está fugindo.

[9.4] Logo, resta alguma dúvida de que sejam os melhores dias os primeiros a fugir dos míseros mortais, isto é, dos ocupados? Sobre os seus espíritos infantilizados pesa a velhice, à qual chegam despreparados e desarmados, pois nada previram: de repente, desprevenidos, se depararam com ela, não percebiam que ela os alcançava a cada dia. [9.5] Do mesmo modo que uma conversa ou uma leitura ou um pensamento mais profundo distrai quem está fazendo um trajeto e, sem notar que se aproximava, só se dá conta quando chegou, também o contínuo e acelerado trajeto da vida, que fazemos no mesmo passo estando despertos ou adormecidos, aos ocupados só se revela no seu fim.

[10.1] Se eu quiser dividir em partes e em argumentos o que propus, vão me ocorrer muitos com os quais eu possa provar que é brevíssima a vida dos ocupados. Fabiano[65], não um desses filósofos catedráticos, mas um dos autênticos, à moda antiga, costumava dizer que contra as paixões devia-se lutar com ímpeto, não com sutileza, que se devia repelir uma frente de batalha não com escaramuças, mas com uma investida total (sendo contrário a sofismas[66]), pois vícios devem ser escorraçados, não espicaçados. Contudo, para que venham a reprovar o próprio erro, essas pessoas devem ser ensinadas, não apenas recriminadas.

[10.2] A vida se divide em três tempos: o que foi, o que é, o que há de ser. Destes, o que estamos vivendo é breve, o que havemos de viver é duvidoso, o que foi por nós vivido é certo, pois sobre este a Fortuna já perdeu o seu direito, sobre este já ninguém pode ter arbítrio. Esse tempo escapa aos ocupados, pois eles nem têm a chance de revisitar o passado e, caso a tenham, é desagradável relembrar o lamentável. [10.3] Assim, só a contragosto, recobram no espírito os tempos mal vividos e nem ousam reviver esses momentos cujos vícios, mesmo os que se insinuavam como satisfação de um prazer passageiro, vêm à tona com a recordação. Ninguém, apenas de bom grado, retornará ao passado, a não ser quem submete todos os seus atos à autocensura, essa que nunca se deixa enganar.

[10.4] É inevitável que tema a própria memória aquele que cobiçou sem medida muita coisa, que desprezou por pura soberba, que venceu com arrogância, que enganou de maneira insidiosa, que roubou cheio de avareza, que desperdiçou à vontade. Ora, a memória é a parcela do nosso tempo sacramentada e preservada, que se sobrepõe a todas as vicissitudes humanas, subtraída do reino da Fortuna já que nem a penúria, nem o medo, nem a investida das doenças pode atingi-la. Não se altera e não se apaga a memória: a posse dela é perpétua e inabalável. Os dias existem no presente apenas um a um e momentaneamente, mas os do passado, basta que os tenha comandado, comparecerão todos juntos e se sujeitarão à tua inspeção detida e judiciosa – o que os ocupados não têm a chance de fazer. [10.5] É típico de uma mente serena e tranquila passar em revista todas as fases da sua vida. Os espíritos ocupados, como se bois presos a uma canga, não conseguem se virar e olhar para trás, portanto, a sua vida despenca num abismo. Então, tal como não adianta encher sem parar o que não tem fundo para coletar e conservar, também não importa quanto tempo se recebe se ele não tem a que se apegar, passando direto pelos espíritos rotos e alquebrados.

[10.6] O tempo presente é a tal ponto breve que, realmente, parece a alguns nem existir, pois está sempre em curso, num fluxo contínuo, deixa de ser antes de vir a ser, também não está sujeito a atrasos, igual o universo ou os astros, cuja movimentação sempre ininterrupta nunca os mantém na mesma posição. Portanto, aos ocupados diz respeito só o tempo presente, que de tão breve nem se deixa apropriar, e mesmo este é subtraído dos que ficam divididos entre muitas coisas.

[11.1] Afinal, queres saber como não vivem muito? Vê como cobiçam viver muito! Velhos decrépitos mendigam em suas preces uns poucos anos a mais, fingem ser mais jovens, lisonjeiam-se com essa mentira e se iludem com tanta vontade que é como se, ao mesmo tempo, enganassem o destino. Só que mal alguma enfermidade os adverte sobre a sua mortalidade, morrem apavorados, não como se deixassem a vida, mas como se fossem arrancados dela. Ficam gritando que foram tolos de não terem vivido e que, se de algum modo escaparem da doença, pretendem viver no ócio. Então é que pensam como conquistaram em vão coisas de que não desfrutariam, como caiu no vazio todo o seu esforço.

[11.2] Por outro lado, como é que não seria vasta a vida das pessoas que a levam afastada de todos os negócios? Sem entregar nada dela a ninguém, sem distribuir nada por aí, sem confiar nada à Fortuna, sem perder nada por negligência, sem dispender nada com largueza, nada sendo supérfluo, toda ela, digamos assim, está no positivo. Desse modo, mesmo que seja pouca, é mais que suficiente. E é por isso que, chegue quando chegar o seu dia final, o sábio não hesitará em rumar para a morte com passo firme.

[12.1] Talvez queiras saber a quem eu chamo de ocupados? Não deves pensar que me refiro só aos homens que são expulsos da basílica[67] quando os cães são atiçados contra eles, só aos homens que vês espremidos na turba dos próprios clientes com mais orgulho ou com mais vergonha junto à de outro, só aos homens que as funções arrancam de suas casas para ir bater às portas de estranhos, só aos homens que a lança do pretor[68] açula a lucro infame, que há de supurar num dia qualquer. [12.2] A prática do ócio de alguns homens é pura ocupação: na *uilla*[69] ou no próprio leito, em plena solidão, embora tenham se afastado de todos, são prejudiciais a si mesmos. Não cabe dizer que a vida deles seja ociosa, mas sim uma ocupação preguiçosa. Tu chamas de praticante do ócio o homem que apruma com insaciável apuro seus bronzes coríntios[70], valiosos na loucura de uns poucos, consumindo a maior parte dos seus dias entre as pecinhas azinhavradas? O homem que, num ringue[71] (pois padecemos de vícios que nem romanos são – um crime!), se acomoda como admirador dos jovens numa rixa? O homem que separa em parelhas de mesma idade e cor os seus rebanhos de lutadores lustrosos?

O homem que apascenta atletas sempre novos?

[12.3] O quê?! Chamas de praticantes do ócio homens que gastam muitas horas no cabeleireiro enquanto é aparado o pouco que cresceu de um dia para o outro, enquanto se discute sobre cada fio de cabelo, enquanto é arrumada a cabeleira desgrenhada ou, se há falhas aqui e ali, penteia-se tudo para frente? E quanto se irritam se o cabeleireiro foi um pouco mais negligente como se fizesse um corte masculino! E quanto se enervam se foi desbastado algo da sua juba, se alguma coisa ficou fora do lugar, se nem tudo voltou a ficar cacheado! Desses quem é que não prefere ver a república se rebelar do que o seu cabelo? Que não está mais preocupado com a beleza da cabeça do que com a sua saúde? Que não prefere ter melhor aparência a ter mais honra? Tu chamas de praticantes do ócio os ocupados com o pente e o espelho? [12.4] Que dizer daqueles que se envolveram com a composição, com a audição, com a memorização de canções e, ao mesmo tempo, realizam contorcionismos vocais numa entonação debilíssima[72], sendo que a natureza fez da vocalização reta a melhor e a mais simples? Que sempre estalam os dedos marcando o compasso de alguma melodia? Que deixam escapar uma discreta entonação mesmo quando chamados a assuntos sérios e muitas vezes até tristes? Não têm ócio essas pessoas, mas um débil negócio.

[12.5] Os banquetes desses homens, por Hércules!, eu não os colocaria entre momentos de pausa, já que vejo como ficam atribulados com a arrumação da prataria, como são diligentes ao ajustar as túnicas dos seus escravos prediletos, como ficam ansiosos com o javali que o cozinheiro prepara, com que agilidade, basta dar um sinal, escravos depilados correm para as suas funções, com quanta perícia são trinchadas as aves em pedaços simétricos, como são cuidadosos os pobres menininhos ao limpar os escarros dos bêbados[73]. É disso que vem sua fama de elegância e opulência, e a tal ponto suas faltas os acompanham em todos os particulares da vida que nem podem beber nem comer sem ostentação.

[12.6] Entre os praticantes do ócio eu não incluiria nem mesmo aqueles homens que se fazem levar pra lá e pra cá na cadeira e na liteira[74] e que observam a hora exata dos seus passeios como se a eles não pudessem faltar, ao passo que outra pessoa é que os alerta quando devem se lavar, quando nadar, quando cear. A tal ponto os espíritos delicados demais são afetados pela languidez que não conseguem saber por conta própria se têm fome. [12.7] Ouço dizer que um desses "delicados" – se é que de algum modo se deva associar as "delícias"[75] com o desaprender como são a vida e os hábitos humanos – falou assim, como se na dúvida, depois de ter sido retirado do banho por várias mãos e acomodado numa cadeira: "Já estou sentado?" Este homem, ignorando até se está sentado, tu crês que ele saiba se está vivo e consciente[76], se pratica o ócio? Nem posso dizer do que tenho mais pena: se ele ignorava isso ou se fingia ignorar. [12.8] Eles padecem do esquecimento de muitas coisas mesmo, mas também fazem de conta. Deleitam-se com certos vícios como se fossem motivos de felicidade.

Parece que é típico da pessoa mais simples e humilde saber o que está fazendo. Vai! Diz agora que os mimos[77] exageram na censura à luxúria! Por Hércules! Mais coisas deixam passar do que imitam e, nesta época, só nisso engenhosa, progrediram tanto os vícios incríveis que já podemos acusar os mimos de negligência. Haver alguém a tal ponto prostrado pelas delícias que se fie em outro para saber se está sentado! [12.9] Logo, este homem não é um praticante do ócio. Melhor dar a ele outro nome: doente. Melhor ainda: morto-vivo. Um praticante do ócio é aquele que está ciente do próprio ócio. Mas este homem, um semivivo, que precisa que lhe expliquem as posições do próprio corpo, como é que ele pode se assenhorar de uma fração do tempo sequer?

[13.1] É longa a lista de cada um que teve a vida consumida ou pelos jogos de tabuleiro ou pela bola ou pelo capricho de ficar se torrando ao sol. Não praticam o ócio aqueles que confundem negócios e prazer. Ora, ninguém duvidará que se esforçam por nada os que se detêm nos estudos de inúteis minúcias literárias, que já formam uma legião também entre os romanos. [13.2] Foi dos gregos essa mania de inquirir qual o número de remadores Ulisses[78] teria tido, se teria sido escrita antes a *Ilíada* ou a *Odisseia*, além disso, se seriam do mesmo autor, e ainda outras questões dessa natureza, as quais, se alguém mantém no particular, em nada ajudam um saber silenciado, se leva a público, não parecerá mais culto, só mais pedante.

[13.3] Eis que invadiu também o mundo romano o tolo interesse em aprender o que é supérfluo. Dias atrás ouvi certa pessoa se referindo aos generais romanos e qual deles tinha feito o quê primeiro: Duílio[79] foi o primeiro a vencer uma batalha naval, Cúrio Dentato[80] foi o primeiro a trazer elefantes num desfile triunfal. Ainda assim, mesmo se não chegam a tratar da verdadeira glória, ao menos versam sobre exemplos de atos cívicos. Se não se tira proveito de tal conhecimento, ao menos nos entretém com a sua sedutora frivolidade.

[13.4] Que se faça concessão também aos que ficam questionando quem primeiro terá persuadido os romanos a embarcarem num navio (esse homem foi Cláudio, de cognome "Cáudice"[81] por isso mesmo, porque uma junção de muitas tábuas era chamada pelos antigos "*caudex*", daí se diz "*codices*"[82] para as tábuas das leis e as embarcações que levam as provisões pelo Rio Tibre, mesmo agora, devido ao antigo costume, são chamadas "*codicariae*"). [13.5] Sem dúvida, também pode ser de algum valor o fato de que Valério Corvino[83] foi o primeiro a conquistar Messina e o primeiro da família dos Valérios cognominado "Messana", nome tomado da cidade capturada, mas que acabou sendo chamado "Messala"[84] porque uma letra foi sendo substituída pela outra na linguagem falada.

[13.6] E acaso será permitido notar também o fato de que Lúcio Sula[85] foi o primeiro a exibir leões soltos no circo, quando ainda eram exibidos acorrentados, mas isso depois que o rei Boco[86] já tinha enviado lanceiros para abatê-los? Quanto ao que se segue, sem dúvida, também pode ser feita uma concessão: acaso é de algum valor que tenha sido mesmo Pompeu[87] o primeiro a oferecer no circo uma luta com dezoito elefantes contra pessoas inocentes[88] levadas a uma suposta batalha? O mais destacado cidadão e, de acordo com a sua fama, de uma bondade notável entre os seus antigos pares, considerou que fosse um tipo memorável de espetáculo abater pessoas de um modo novo. Lutam até o fim? É pouco. São dilaceradas? É pouco. Que sejam esmagadas por uma massa enorme de animais[89]. [13.7] O melhor seria que isso caísse no esquecimento para que nenhum poderoso depois aprendesse e invejasse ato tão desumano. Como a sorte grande joga nossa mente nas trevas!

Um homem desses acreditou, então, que estivesse acima da ordem natural das coisas uma vez que jogava para bestas nascidas sob outros céus tantos bandos de pobres seres humanos, uma vez que organizava uma guerra entre seres tão díspares, uma vez que derramava muito sangue à vista do povo romano – ele, que logo seria forçado a derramar mais do sangue desse povo. Porém, depois, o mesmo homem, enganado pela perfídia alexandrina, sujeitou-se à espada do mais baixo dos escravos, só então percebendo a vã arrogância do seu cognome[90].

[13.8] Mas, voltando ao tema do qual me desviei e expondo a supérflua meticulosidade de alguns, aquela mesma pessoa[91] contava que Metelo[92], depois que venceu os cartagineses na Sicília, tinha sido o único romano a conduzir 120 elefantes cativos à frente do carro no desfile triunfal; que Sula tinha sido o último romano a ampliar o *pomerium*[93] segundo o antigo costume de ampliá-lo acompanhando apenas a conquista de áreas itálicas, nunca provinciais. E saber isto chega a ser mais útil do que saber que o Monte Aventino[94] fica além do *pomerium* por alguma dessas duas razões, como aquele homem afirmava: ou porque a plebe tinha se retirado pra lá ou porque as aves não tinham sinalizado a Remo[95] bons auspícios em tal lugar? E ainda outras tantas coisas sem conta, carregadas de mentiras ou, pelo menos, parecendo mentiras?[96]

[13.9] Pois, admitindo-se que falem todas essas coisas de boa-fé, que as escrevam com confiança, no entanto, são informações que ajudam a diminuir os erros de alguém? A controlar os desejos de alguém? A quem elas farão mais firme, mais justo, mais generoso? Nosso querido Fabiano[97] falava que às vezes ele hesitava se não seria melhor não estudar nada a se envolver com esse tipo de estudo.

[14.1] Dentre todas as pessoas, só aquelas que reservam tempo para a sabedoria praticam o ócio, só elas realmente vivem[98], pois não apenas cuidam bem da própria duração, somam toda a existência humana à sua. Não importa quantos anos tenham se passado antes delas, são uma conquista sua. Temos que reconhecer: os ilustríssimos fundadores das sagradas doutrinas nasceram por nós e para nós prepararam a vida[99]. É pelo esforço deles que somos conduzidos às mais belas coisas exumadas das trevas para a luz. Nenhuma época nos foi interditada, somos admitidos em todas e, se houver a vontade de transcender as limitações da fragilidade humana pelo engrandecimento espiritual, podemos fazer um longo percurso temporal[100]. [14.2] É permitido debater com Sócrates, duvidar com Carnéades[101], serenar com Epicuro, com os estoicos vencer a natureza humana, superá-la com os cínicos. Já que a ordem natural das coisas permite compartilhar todas as eras, por que não transpor nossa exígua e efêmera temporalidade e nos devotarmos por inteiro àquelas que são imensas, que são eternas, que são comungadas com os melhores?

[14.3] Esses homens que se dispersam em funções, esses que incomodam a si e aos outros, já ensandecidos, após perambularem diariamente por todas as soleiras sem desprezarem qualquer porta aberta, após distribuírem suas saudações interesseiras pelas casas mais distantes, ainda assim, quão poucos serão os que eles poderão ver de uma cidade tão imensa e dividida entre prazeres variados? [14.4] Haverá muitos preguiçosos, luxuriosos ou desumanos que os dispensarão! Haverá muitos que passarão por eles simulando pressa após muita espera! Haverá muitos que evitarão avançar pelo átrio repleto de clientes e fugirão por passagens secretas da casa como se não fosse mais desumano enganar do que rejeitar! Haverá muitos, ensonados e pesados da bebedeira da véspera, que repetirão, com um bocejo cheio de soberba, os nomes – a eles sussurrados mil vezes por lábios discretos[102] – daqueles miseráveis que interrompem o próprio sono para ficar esperando o de outro.

[14.5] Considero legítimas as obrigações nas quais estes se empenham? Melhor eu dizer isso daqueles[103] que vão querer desfrutar do íntimo convívio com Zenão[104], com Pitágoras, Demócrito e demais mestres das nobres artes, com Aristóteles e Teofrasto[105]. Nenhum destes haverá que não esteja disponível, nenhum que não se despeça de quem o procurou deixando-o mais feliz e se amando mais, nenhum que deixe alguém partir de mãos vazias. De noite ou de dia, podem ser encontrados por todas as pessoas. [15.1] Destes, não haverá um que te imponha a morte, todos vão te ensinar sobre ela. Destes, não haverá um que dê cabo dos teus anos, haverá quem te dê os seus em contribuição. De nenhum será a conversa perigosa. De nenhum, a amizade fatal. De nenhum, a lealdade dispendiosa. Levarás deles tudo o que quiseres. Não dependerá deles que tu aproveites o máximo que puderes. [15.2] Que felicidade, que bela velhice aguarda aquele que se juntou à sua clientela! Ele terá com quem deliberar desde as mínimas coisas até as mais sérias, terá a quem consultar diariamente sobre si mesmo, terá de quem ouvir a verdade sem injúria, receber elogio sem adulação, terá a quem copiar como modelo. [15.3] Costumamos dizer que não esteve em nosso poder escolher nossos pais, que nos couberam por acaso, mas nos é permitido nascer de acordo com o nosso juízo. Há famílias que reúnem as mentes mais renomadas; elege uma para te acolher: terás o direito não apenas ao seu nome, mas aos seus bens, que não deverão ser guardados com avareza e mesquinhez: quanto mais os compartilhares, maiores eles serão.

[15.4] Estas mentes te abrirão uma via para a eternidade e te elevarão ao patamar do qual ninguém é deposto. Este é o único método de estender nossa mortalidade, ou melhor, de convertê-la em imortalidade. Honrarias, monumentos, tudo o que a ambição impôs por decreto ou erigiu com esforço logo desaba. Não há nada que uma prolongada velhice não modifique ou arruíne, mas ela não pode danificar o que a sabedoria consagrou: isso época alguma vai extinguir, época alguma vai diminuir. Já na época seguinte, e depois uma após a outra, algo se somará a essa veneração, visto que a inveja ronda o que é vizinho enquanto admiramos com mais inocência o que está distante. [15.5] Logo, a vida do sábio dura muito. Prazos não se aplicam a ele como aos outros. Só ele está livre das leis do gênero humano. Todos os séculos a ele servem como a um deus. O tempo que passou, ele salva na lembrança; o que se faz presente, ele aproveita; o que está por vir, ele antecipa. A concentração de todos os tempos num só faz longa a sua vida.

[16.1] É brevíssima e atribuladíssima a existência daqueles que se esquecem do passado, negligenciam o presente, temem o futuro. Só quando alcançaram o seu momento derradeiro, tardiamente se dão conta esses infelizes de que se mantiveram ocupados demais sem realizar coisa alguma. [16.2] Nem se pode dizer que seja prova de uma vida longa o argumento de que, entrementes, invocam a morte[106]. É que o despreparo os perturba com sentimentos instáveis e que incidem justamente sobre as coisas de que têm medo: por isso desejam muitas vezes a morte, porque a temem. [16.3] Também não se pode dizer que sirva de argumento de que estão vivendo bastante o fato de a eles muitas vezes parecer longo o dia, de se queixarem de como as horas se arrastam até o horário previsto para a ceia, pois, se ocorre de ficarem desocupados, deixados na ociosidade se agitam e não sabem o que fazer nem como pôr fim a ela. Assim, entregam-se a qualquer ocupação e todo o tempo entre uma e outra lhes é penoso, tal como, anunciado o dia de uma luta de gladiadores ou definido qualquer outro espetáculo ou divertimento muito esperado, querem – por Hércules! – pular os dias intermediários. [16.4] Para essas pessoas, toda espera por algo é uma longa demora ao passo que esse momento que amam é breve e fugaz e ainda mais breve por causa do próprio vício. De fato, pulam de uma para outra sem se ater a uma só vontade. Para essas pessoas, os dias não são longos, mas são indesejados. Porém, ao contrário, quão exíguas lhes parecem as noites que gastam nas relações com prostitutas ou no vinho!

[16.5] Daí, também o delírio dos poetas que alimentam os erros humanos com as suas histórias, crendo que Júpiter, tomado pelo prazer sexual, duplicou a noite[107]. Como incentivar nossos vícios senão atribuindo sua autoria aos deuses e justificar essa doença com o exemplo da divindade? Como não pareceriam brevíssimas as noites a quem elas custam tão caro? Perdem o dia na expectativa da noite; a noite, com medo da aurora.

[17.1] Estes mesmos prazeres são temerários e assaltados por vários terrores e, no ápice do êxtase, surge um pensamento exasperado: "Quanto duram?" Em razão desse sentimento, reis lastimaram seu poderio: não os deleitou a grandeza da sua fortuna, mas os aterrorizou o fim que um dia chegaria. [17.2] Quando esparramava pelos amplos espaços das campinas o seu exército e não conseguia ter a noção do seu número, só da sua extensão, o mais insolente rei persa[108] verteu lágrimas porque nenhum daqueles tantos jovens restaria no prazo de 100 anos. Mas ele mesmo, que os pranteava, estava prestes a antecipar-lhes o destino e a perder uns no mar, outros em terra, uns na batalha, outros na fuga, e a aniquilar, num tempo exíguo, aqueles cujo centésimo ano ele receava. [17.3] E por que são temerárias também suas alegrias? É que elas não se apoiam em causas sólidas, mas nascem da mesma frivolidade que as perturba. Entretanto, como julgas que sejam os momentos que eles mesmos confessam ser infelizes se são pouco sinceras até as alegrias com as quais se exaltam e que os projetam como super-homens?[109]

[17.4] Quanto mais bens, mais preocupações, e quanto maior a sorte, menos confiável: uma felicidade reclama outra e um voto atendido cobra outro. De fato, tudo o que advém do acaso é instável e, quanto mais alto chegar, aumentam as chances de cair. Ora, ninguém se deleita com a iminência de uma queda. Logo, necessariamente é misérrima, não apenas brevíssima, a vida desses que providenciam com grande esforço o que só podem possuir com esforço ainda maior. [17.5] Penosamente conquistam o que desejam, aflitos mantêm o que conquistaram. Nesse ínterim, não se raciocina que o tempo não volta jamais. Novas ocupações substituem as velhas, expectativa gera expectativa, ambição desperta ambição. Não buscam acabar com as misérias, só mudam sua origem: nossos cargos nos torturaram, os dos outros nos roubam mais tempo; desistimos de batalhar como candidatos, passamos a arrebanhar votos; deixamos de lado o incômodo da acusação, nos cabe agora ficar julgando; desistiu de ser do júri, já preside o caso; envelheceu gerindo a ganho bens de outros, só então se desvia[110] para as próprias riquezas.

[17.6] O aparato militar dispensou Mário[111], o consulado o mobiliza. Quíncio[112] apressou-se em deixar de ser ditador, será chamado de novo a deixar o arado. Ainda imaturo para tamanha tarefa, Cipião[113] atacará os cartagineses: vitorioso sobre Aníbal, vitorioso sobre Antíoco, glória do próprio consulado, avalista do consulado do irmão, se ele mesmo não se coloca como obstáculo, passa a ter um posto ao lado de Júpiter[114]. As sedições civis perseguirão esse salvador e, após ter desdenhado, desde jovem, homenagens como as prestadas aos deuses, já velho se deleitará com a ambição de um exílio altivo.

Haverá sempre razões para atribulação, ótimas e péssimas razões. Vai se tocando a vida entre uma ocupação e outra. O ócio nunca será desfrutado, sempre desejado.

[18.1] Assim, caríssimo Paulino[115], te afasta da aglomeração e te recolhe, enfim, a um porto mais tranquilo, tendo feito uma travessia agitada[116] que excede o espaço da tua vida. Pensa quantos turbilhões enfrentaste, quantas tempestades suportaste na esfera privada e quantas atraíste contra ti na esfera pública. Com provas exigentes e desafiadoras, já ficou bem documentada a tua virtude[117]. Experimenta agora do que ela é capaz na prática do ócio. A maior parte da tua vida, certamente a melhor, foi dedicada à república. Salva parte do teu tempo para ti também. [18.2] E não te chamo para uma calmaria pachorrenta ou indolente, não para que afogues no sono e nos prazeres caros à multidão toda a vitalidade que há em ti. Não é isto estar tranquilo. Encontrarás tarefas de maior vulto para executar, retirado e sereno, do que todas as que até aqui cumpriste sem descanso.

[18.3] És tu, por certo, que administras as contas do mundo romano com a moderação do que é alheio, com a diligência do que é teu, com a consciência do que é público, conquistando a estima num ofício em que é difícil evitar o rancor, no entanto, crê em mim, vale mais a pena fazer as contas da própria vida do que do suprimento público de grãos[118].

[18.4] Esse teu vigor espiritual, extremamente capaz das maiores realizações, revoga-o desse cargo, que é honroso sem dúvida, mas que pouco se adequa a uma vida feliz, e pensa que não te entregaste desde a mais tenra idade ao treinamento completo na artes liberais para que te fossem confiados milhares e milhares de grãos. Tu prometias muito mais! Não faltarão pessoas tanto de comprovada austeridade como de empenho incansável. São muito mais adequados para transportar cargas os lentos jumentos do que os nobres cavalos: quem alguma vez já sobrecarregou um rápido puro-sangue com um fardo pesado?

[18.5] E pensa ainda quantas atribulações te causa tamanho fardo. O teu negócio é o estômago do ser humano: o povo faminto não aceita a razão, não se apazigua com a equidade, nem se dobra a qualquer apelo. Bem recentemente, nos dias em torno à morte de Calígula[119], o que ele levava muito a mal (se é que nos ínferos sente-se algo) porque via que, tendo o povo romano sobrevivido, ainda restavam provisões para sete ou oito dias, ia se fazendo presente o pior dos males, que é também o dos sitiados: a escassez de alimentos. Isso acontecia enquanto ele construía pontes enfileirando navios e jogava com as forças do império[120]. Sua imitação de um rei enlouquecido, estrangeiro e miseravelmente arrogante foi às custas quase que da destruição e da fome e, o que vem a seguir à fome, da ruína total.

[18.6] Então, qual o estado de espírito daqueles a quem tinha sido dada a gestão do suprimento público de grãos e que enfrentariam pedras, espadas, incêndios, Calígula? Com a maior hipocrisia, encobriam o grande mal alojado nas entranhas[121]. E tinham razão, pois certos males devem ser tratados sem o conhecimento dos doentes: a causa da morte de muitas pessoas é ficar sabendo da doença.

[19.1] Reserva-te para coisas mais tranquilas, mais seguras, mais notáveis[122]. Ou crês que sejam equivalentes ambas as coisas: cuidar da transferência do trigo intacto aos depósitos, sem fraude ou descaso dos carregadores, que não se estrague e fermente retendo umidade, que corresponda à medida e ao peso; e aceder ao sagrado e ao sublime a fim de conhecer de que matéria[123] deus é feito, qual a sua vontade, qual sua condição, qual sua forma, o que reserva o acaso para o teu espírito, onde a natureza nos acomoda destituídos já de nossos corpos, o que é que sustenta no centro deste universo o que tem mais peso, suspende acima o que é leve, eleva ao mais alto o fogo, impele os astros em suas trajetórias e ainda tantas outras coisas plenas de descomunais maravilhas?

[19.2] Tu queres ou não deixar o que é terreno e voltar os olhos da mente para estas questões?[124] Enquanto ainda tem força o sangue, quem tem vigor deve se dirigir a propósitos melhores. Esperam por ti, nesse modo de vida, muito das nobres artes, amor e prática das virtudes[125], o apagamento dos desejos, a ciência do viver e do morrer, uma profunda calmaria.

[19.3] Com certeza, é mísera a condição de todos os ocupados. É misérrima, no entanto, a dos que sofrem com ocupações que não são nem mesmo suas: regulam seu sono em função de outro, cada passo que dão é em função de outro, amam e odeiam – as mais livres disposições – seguindo ordens. Estes, se quiserem saber quanto é breve a sua vida, que pensem que parte é sua de fato.

[20.1] Assim, quando vires uma toga pretexta usada com muita frequência, quando vires um nome célebre no foro, não invejes: só se consegue isso ao custo da própria vida. Para que um único ano entre no calendário com seus nomes, consumirão todos os seus anos[126]. Alguns, antes que satisfizessem sua maior ambição, a vida abandonou ainda nos primeiros embates. Outros, depois de terem alcançado a honra máxima pela via de mil desonras, tomou conta deles o terrível pensamento de terem sofrido tanto apenas por uma inscrição num túmulo. E há uns cuja extrema velhice, ao renovar expectativas da juventude, sucumbiu inválida por causa de esforços demasiados. [20.2] É um embaraço o idoso que deu o seu último suspiro tentando ganhar aplausos de uma audiência leiga, na defesa de litigantes que nem mesmo conhecia. É uma vergonha o homem que caiu morto em meio a suas funções, mais cansado de viver do que de trabalhar. É uma vergonha que, amargando longa espera, agora o herdeiro ria de quem morreu debruçado sobre os seus registros contábeis. [20.3] Não posso omitir um exemplo que me ocorre. Caio Turânio[127] foi um ancião comprovadamente diligente, que, dispensado do seu cargo depois dos 90 anos por decisão de Calígula, mandou que o acomodassem no leito e, feito um morto, fosse pranteado pela família à sua volta. A casa estava em luto pelo ócio do seu velho senhor e não teve fim essa tristeza até que o trabalho lhe fosse restituído.

[20.4] É assim tão bom morrer ocupado? O mesmo estado de espírito domina a maioria: dura mais a sua vontade do que a sua capacidade de trabalhar. Lutam contra a debilidade do corpo. Julgam a própria velhice um peso pela única razão de se verem excluídos. A lei não recruta um soldado com mais de 50 anos, não convoca um senador com mais de 60: é mais difícil uma pessoa se obrigar ao ócio por conta própria do que seguindo a lei. [20.5] Nesse ínterim, enquanto são roubados e roubam, enquanto perturbam a calmaria uns dos outros, enquanto se fazem mutuamente infelizes, a vida não dá frutos, nem prazer, nem qualquer proveito espiritual. Ninguém mantém a morte à vista, todos alimentam expectativas de longo prazo, alguns até mesmo planejam coisas que estão para além da vida: túmulos grandiosos e inscrições em obras públicas, jogos fúnebres e exéquias ambiciosas. Mas – por Hércules! – seus funerais deveriam ter à frente tochas e círios, como se tivessem vivido pouquíssimo[128].

Sobre o ócio

[1.1] [...] com amplo consenso, nos recomendam os vícios[129].

Ainda que não tentemos nenhuma outra coisa que seja salutar, só o ato de nos afastarmos já será benéfico: isolados, estaremos melhor[130]. E que dizer de nos afastarmos para junto de homens de excelência, escolhendo algum exemplo que se possa seguir na vida?[131] Isso acontece apenas na prática do ócio. É então que se pode cumprir o que ficou decidido – quando não intervém ninguém que desvirtua, com o apoio de outras pessoas, uma resolução ainda pouco firme. É então que a vida, que cindimos em tantos propósitos tão diferentes, pode prosseguir sempre no mesmo curso. [1.2] Pois, de todo o resto que já é ruim, o pior mesmo é que somos inconstantes até nos nossos vícios, ou seja, conosco não acontece nem de nos apegarmos a um mal que nos é bem conhecido. Ficamos pulando de um para outro e nos perturba ainda o fato de que não são apenas precárias, mas também instáveis as nossas resoluções. Hesitamos e passamos de uma para outra: tomadas as resoluções, as relegamos; relegadas, as retomamos. Alternamos cupidez e arrependimento.

[1.3] Ora, dependemos totalmente da opinião alheia e consideramos ser excelente o que muitos desejam e elogiam, não o que merece ser mesmo elogiado e desejado, nem avaliamos se um caminho é bom ou ruim por si, mas pela quantidade de pegadas nele, mesmo que nenhuma delas marque o regresso[132].

[1.4] Vais me perguntar[133]: "O que é que estás dizendo, Sêneca? Abandonas os teus partidários? Com certeza, os vossos estoicos afirmam[134]: – Até o fim da vida estaremos em ação, não deixaremos de trabalhar pelo bem comum, ajudar cada um, estender a velha mão[135] inclusive aos inimigos. Nós[136] somos os que não dispensam nenhuma faixa etária e, como diz aquele homem de muita eloquência, 'comprimimos sob o elmo cabelos brancos'[137]. Nós somos daqueles que não deixam nada ocioso antes da morte a tal ponto que, se a situação permitir, nem mesmo a morte fica ociosa"[138].

Vais me perguntar[139]: "Por que falas dos preceitos de Epicuro justo em meio aos princípios de Zenão?[140] Por que tu não desertas definitivamente os teus partidários, se te decepcionam, ao invés de traí-los?" [1.5] No momento, só te responderei isso: "Com certeza não esperas que eu faça diferente do que aqueles que me guiam! O que fazer então? Não irei para onde eles tiverem me mandado, mas para onde tiverem me guiado"[141].

[2.1] Agora vou te provar que não me afasto dos preceitos estoicos. De fato, nem os próprios estoicos se afastaram deles, no entanto, eu seria completamente perdoado se seguisse não os seus preceitos, mas os seus exemplos.

Vou dividir a minha fala em duas partes. A primeira é que uma pessoa pode, desde a mais tenra idade, entregar-se por inteiro à contemplação da verdade, buscar a reta razão do viver e exercitá-la reservadamente. [2.2] A segunda é que uma pessoa, já liberada do serviço obrigatório pela idade avançada[142], tem todo o direito de fazer o mesmo e, com seu espírito afiadíssimo[143], passar o conhecimento adiante, à maneira das virgens vestais, que aprendem os procedimentos rituais conforme os anos previstos para as suas funções e, depois que aprenderam, ensinam[144].

[3.1] Vou mostrar que isso é do agrado também dos estoicos, e não porque tenha me obrigado a não contradizer Zenão e Crisipo, mas é que a coisa em si me permite ir a favor da opinião deles: se alguém segue sempre uma opinião só, não integra o senado, mas uma bancada[145]. Quem dera – mesmo! – já se dominassem todos os assuntos e a verdade fosse clara e inconteste e não reformulássemos nada das doutrinas. Ora, disputamos a verdade com os próprios mestres! [3.2] Divergem muito também neste assunto duas escolas, a dos epicuristas e a dos estoicos, mas ambas levam à prática do ócio por diferentes vias. Epicuro diz: "O sábio não participará da república[146], a menos que aconteça algo"[147]. Zenão diz: "Participará da república, a menos que algo o impeça".

[3.3] O primeiro busca a prática do ócio como um propósito de vida; o segundo, só se houver uma justificativa, e abre-se um leque delas. Se a república está irremediavelmente corrompida, se foi contaminada pelo mal, o sábio não vai se esforçar em vão, nem se desgastar não sendo de valia em nada. Se tiver pouco prestígio ou influência e assim a república não estiver disposta a incluí-lo, se a saúde o impedir, não vai empreender uma jornada que sabe ser impraticável como não lançaria ao mar um barco avariado, como não se alistaria estando incapacitado. [3.4] Logo, mesmo quem ainda não sofreu perdas, antes que enfrente tempestades, pode colocar-se a salvo e devotar-se sem demora às nobres artes[148] e desfrutar do puro ócio, cultivando virtudes que podem ser praticadas mesmo pelas pessoas mais reclusas.

[3.5] Isso, sem dúvida, é cobrado de um ser humano, que seja útil a outros seres humanos. Se possível, a muitos. Ao menos a poucos. Se não aos parentes, ao menos a si mesmo. Pois, quando se faz útil aos demais, serve ao interesse geral. Quem se torna uma pessoa pior prejudica não apenas a si, mas também a todos a quem teria sido de valia se tivesse se tornado melhor. Do mesmo modo, quem quer que trate bem de si mesmo, por essa razão, é de valia a outros, porque se prepara para lhes valer de algo.

[4.1] Devemos conceber mentalmente duas repúblicas: uma, vasta e verdadeiramente coletiva, que abarca deuses e seres humanos, onde não reparamos numa ou noutra esquina, mas medimos pela inclinação do sol os limites da nossa cidade[149]; outra, que nos atribue por nascimento, como a dos atenienses ou a dos cartagineses[150], ou de alguma outra cidade, que não pertence a todos, mas a determinadas pessoas. Uns se dedicam ao mesmo tempo a ambas as repúblicas, a maior e a menor. Outros, apenas à menor. Alguns, apenas à maior[151].

[4.2] Podemos nos devotar à república maior mesmo praticando o ócio – na verdade, acho que até melhor praticando o ócio – quando questionamos o que é a virtude, se una ou plural[152], se a natureza ou a arte forma homens bons[153], se é único isto que engloba mares e terras e tudo o que está inserido neles ou se deus espalhou uma multiplicidade de corpos do mesmo tipo[154], se é toda contínua e densa a matéria da qual tudo se engendra ou se é dispersa e um vazio permeado de elementos sólidos, onde se situa deus, se apenas observa ou se maneja sua obra, se sua abordagem é extrínseca ou totalmente imanente, se o mundo é imortal ou se deve ser incluído entre as coisas que têm prazo de validade.

Quem contempla essas coisas, como serve a deus? Não deixando que fique sem testemunha a sua imensa obra.

[5.1] Costumamos dizer que viver de acordo com a natureza é o sumo bem[155]: a natureza nos concebeu tanto para a contemplação das coisas como para a ação. Devo comprovar agora o que eu disse. Mas acrescentar o quê? Isso já não ficará comprovado se cada um consultar a si mesmo sobre o quanto deseja conhecer o que desconhece, como se excita com tudo quanto é história? [5.2] Certas pessoas se põem a navegar e enfrentam as agruras de uma longuíssima peregrinação só pela recompensa de conhecer algum lugar recôndito e remoto. É isso também que leva as multidões aos espetáculos, é isso que nos compele a explorar o inacessível, a investigar o mais secreto, a revirar antiguidades, a ouvir sobre costumes de povos bárbaros. [5.3] A natureza nos deu uma mente curiosa e, ciente da sua arte e da sua beleza, nos concebeu como espectadores dos seus espetáculos grandiosos, que seriam desperdiçados se sua obra tão magnífica, tão radiante, tão sutilmente delineada, tão esplêndida e encantadora na sua variedade fosse ostentada na solidão. [5.4] Pode-se constatar que ela quis ser notada, não apenas percebida, quando se verifica onde nos colocou: bem no centro dela mesma, e com vista panorâmica. E não só pôs o homem ereto, mas também, com a intenção de torná-lo apto à contemplação, para que pudesse seguir a rota dos astros da aurora até o ocaso e visualizar tudo girando, dispôs alta a sua cabeça sobre o pescoço flexível. E daí, exibindo seis signos de dia, seis de noite, revelou parte por parte de si mesma a fim de que, à vista destas coisas, despertasse o desejo pelas demais.

[5.5] Não, de fato, não temos a dimensão do todo, mas nossa visão abre sua própria via de investigação e se fundamenta na busca da verdade para que o nosso questionamento ultrapasse o óbvio e alcance o oculto, e venha a descobrir o que é mais antigo que o próprio mundo[156]: de onde vieram as estrelas; qual a situação do universo antes que os elementos se separassem para constituir formas; que inteligência dispersou o que estava imerso na confusão; quem determinou os lugares das coisas; se, por sua própria natureza, os corpos pesados desceram e os leves subiram ou se, apesar do empuxo e do peso, alguma força superior ditou a lei de cada um; se é verdade – e isso sem dúvida prova haver no ser humano o sopro divino – que um fragmento dos astros, assim como centelhas, precipitou-se sobre a terra e se fixou neste ambiente desconhecido.

[5.6] Nosso pensamento rompe as barreiras do céu e não se contenta em conhecer só o que fica visível: "Perscruto o que há além do firmamento, se acaso é uma vastidão profunda ou se também se encerra em seus próprios limites; qual a aparência desse mundo externo: se nele são informes e confusas as coisas, ocupando todo o espaço sem discriminação, ou se também elas se organizam segundo um padrão; se estão vinculadas a este mundo ou se bem separadas dele, que fica girando no vazio; se são os indivisíveis[157] que estruturam tudo o que já nasceu e o que está por nascer ou se a matéria é contínua e mutável no todo; se acaso são antagônicos os elementos ou se não disputam entre si e convergem por meio da diversidade".

[5.7] Dado que nascemos para fazer estas perguntas, avalia como não é muito o tempo que recebemos, mesmo quem se assenhora dele totalmente. Ainda que não se furte nada desta pessoa com facilidade, que nada lhe escape por negligência, ainda que preserve suas horas com avareza e chegue à fase final da existência humana, que a fortuna não abale nada que a natureza decidiu, ainda assim o ser humano é demasiado mortal para alcançar o conhecimento do que é imortal[158].

[5.8] Logo, vivo de acordo com a natureza se me doei a ela por completo, se a admiro e a cultuo. No entanto, a natureza quis que eu fizesse as duas coisas, tanto estar em ação como ter um tempo para a contemplação: faço as duas coisas, uma vez que nem mesmo a contemplação existe sem a ação. [6.1] Aí dizes: "Mas é relevante se acessaste a natureza por puro prazer, buscando nada mais que a sua contemplação constante, sem outro resultado, já que isso é agradável e tem os seus próprios atrativos". Eu reajo a isso respondendo que é igualmente relevante com que ânimo levas a tua vida cívica, se estás sempre inquieto e nunca consegues um tempo teu para desviar os olhos dos assuntos mundanos em direção ao que é divino.

[6.2] Do mesmo modo que alimentar ambições sem sentimentos virtuosos e sem cultivar a mente, meramente executando tarefas, não é de forma alguma recomendável (pois são coisas que devem estar interligadas e conectadas[159]), assim também é um bem imperfeito e embotado a virtude jogada ao ócio sem ação, não trazendo nunca à mostra o que aprendeu. [6.3] Quem pode negar que a virtude tem que testar, na prática, seus progressos, não apenas cogitar o que precisa ser feito, mas também pôr a mão na massa eventualmente, tornando realidade o que foi pensado? E se não há obstáculo da parte do próprio sábio, se o que falta não é quem faça, mas o que deve ser feito, então, não será permitido a ele estar consigo mesmo?[160] [6.4] Com que ânimo o sábio se retira para a prática do ócio? Como alguém que sabe que também ali há de fazer algo para o proveito dos pósteros. Somos nós, certamente, a afirmar que tanto Zenão como Crisipo realizaram algo maior do que se tivessem comandado exércitos, seguido uma carreira, elaborado leis – leis que eles elaboraram, não para uma cidade, mas para todo o gênero humano[161]. Logo, por que não conviria ao *uir bonus*[162] a prática do ócio, por meio da qual ordene as gerações futuras e não fale a poucas pessoas, mas a todas as pessoas de todos os povos, as que existem e as que existirão?

[6.5] Em suma, pergunto se viveram segundo os seus preceitos Cleantes, Crisipo, Zenão. Tu, sem dúvida, responderás que eles viveram, sim, do modo como tinham dito que se deveria viver. Ora, nenhum deles esteve na gestão pública. Dizes então: "Eles não tiveram a fortuna ou a distinção que costuma garantir acesso ao trato com a república"[163]. No entanto, não tiveram uma vida inativa: descobriram de que modo aquela sua calmaria poderia ser mais útil às pessoas do que a correria e o suor dos outros. Logo, ficou a impressão, no entanto, de terem desempenhado muito, ainda que não tivessem papel público a desempenhar.

[7.1] Além disso, há três modos de viver, e se costuma inquirir qual deles é o melhor: um voltado para o prazer; outro, para a contemplação; o terceiro, para a ação. Antes de tudo, deixando de lado a rivalidade e o ódio implacável contra os que seguem posições diversas, vejamos que todas elas, sob nomenclaturas diferentes, vêm a dar no mesmo: nem quem aprova o prazer fica sem a contemplação, nem quem se devota à contemplação fica sem o prazer, nem quem destinou sua vida à ação fica sem a contemplação.

[7.2] Tu dizes: "É muito diferente se alguma coisa é o propósito[164] ou se é acessória a outro propósito". Mesmo que a diferença seja grande, contudo, não há um sem o outro: nem quem contempla fica sem a ação, nem quem age fica sem a contemplação, nem aquele terceiro, que concordarmos criticar, aprova o prazer inerte, mas o prazer que nele se firmou pelo uso da razão. Assim, também essa escola propriamente dos prazeres é ativa. [7.3] E como não seria ativa quando o próprio Epicuro diz que se distanciará por vezes do prazer e se aproximará até mesmo da dor se o arrependimento assombrar o prazer ou se uma dor mais leve ocupar o lugar de uma mais grave? [7.4] De que vale falar disso? É para mostrar que a contemplação agrada a todos. Outros estão à caça dela. Para nós, é um ancoradouro, não o porto de chegada[165].

[8.1] Agora, soma a isso que, pela lei de Crisipo, é lícito viver praticando o ócio. Não estou falando de tolerar o ócio, mas de elegê-lo. Os nossos dizem que o sábio não há de participar de uma república qualquer[166]. No entanto, que diferença faz como o sábio chega à prática do ócio, se por que a república se furta a ele ou se por que ele se furta à república, considerando-se que a todos a república há de se furtar? Em todo caso, se furtará sempre aos que são muito exigentes.

[8.2] Questiono, então, de qual república o sábio há de participar. Daquela ateniense, onde Sócrates é condenado e de onde foge Aristóteles para não ser condenado? Onde a inveja oprime as virtudes? Não vais me dizer que o sábio há de participar desta república. Logo, o sábio participará da república cartaginesa, onde a sedição é permanente, a liberdade é nociva a todo homem da elite, a degradação do homem justo e bom é extrema, é desumana a crueldade contra os inimigos e hostil até contra os seus habitantes? Também desta república ele fugirá. [8.3] Se eu quiser recensear cada uma das repúblicas, não encontrarei nenhuma que possa tolerar o sábio ou que o sábio possa tolerar. E se não é encontrada aquela república que idealizamos para nós, a prática do ócio começa a ser necessária para todos porque a única coisa que se podia preferir ao ócio não se encontra em parte alguma.

[8.4] Se alguém diz que é excelente navegar e depois diz que não se deve navegar num mar em que são costumeiros os naufrágios e frequentes as súbitas tempestades que jogam o capitão na direção contrária, acredito que esse homem não me recomenda zarpar, embora elogie a navegação.

Notas

1 "*Seneca's choice of Latin as a medium is a sure sign that his interest in writing was at least as great as his interest in philosophy: serious philosophers in his time and immediately after wrote in Greek*" ("A escolha de Sêneca pelo latim como meio de expressão é, com certeza, um indício de que seu interesse pela escrita era ao menos tão grande quanto seu interesse pela filosofia: filósofos respeitados no seu tempo e imediatamente depois escreveram em grego"). Cf. Referências.

2 Ideia desenvolvida por Williams no livro *Hardship and Hapinness* (SÊNECA, 2014, p. 107). Cf. Referências.

3 Ideia desenvolvida por Margaret R. Graver no livro *Brill's Companion to Seneca* (DAMSCHEN, 2014, p. 257): "*Seneca assumes as a rule that a benevolent Nature has designed the human psyche to function in a rational way. While it is true that in our present state that rational nature is imperfect and subject to grave error, we are also capable of self-correction, and for that reason we can aspire to fulfill our human potential in lives of virtue and wisdom*" ("Sêneca toma como regra que uma Natureza benévola concebeu a mente humana para funcionar de maneira racional. Embora seja verdade que, no estágio atual, essa natureza racional seja imperfeita e sujeita a erros graves, também somos capazes de autocorreção e, por esse motivo, podemos aspirar a realizar nosso potencial humano com vidas de virtude e sabedoria"). Cf. Referências.

4 Essas ideias são bem desenvolvidas no livro *Il lavoro nel XXI secolo* (2018). Cf. Referências.

5 Do latim: "*In hoc me recondidi et fores clusi ut prodesse pluribus possem. Nullus mihi per otium dies exit, partem noctium studiis uindico, non uaco somno sed succumbo, et oculos uigilia fatigatos cadentesque in opere detineo. Secessi non tantum ab hominibus sed a rebus, et in primis a meis rebus; posterorum negotium ago*".

6 Conforme argumento desenvolvido no artigo "Petrarch's Rereading of *Otium* in *De uita solitaria*" (2008). Cf. Referências.

7 Maggi resume o argumento assim: "*His focus is on the two highest areas of intellectual investigation, which in Petrarch's new solitary man reveal their sacred essence*" ("Seu foco está nas duas principais áreas de investigação intelectual, que revelam sua essência sagrada no novo homem solitário de Petrarca"), conforme o capítulo "You will be my solitude: Solitude as Prophecy – *De uita solitaria*". In: *Petrarch*: A Critical Guide to the Complete Works. Cf. Referências.

8 Sobre a perda de prestígio de Sêneca a partir do século XIX e a perspectiva de seu resgate como ícone de uma técnica de viver (*ars uiuendi*), cf. "Seneca the Philosopher", capítulo de Matthias Laarmann no compêndio *Brill's Companion to Seneca* (2014). Cf. Referências.

9 "*Alternatively,* On the Shortness of Life *may be viewed not so much as the work of a hypocrite but as an embodiment of its own message: even in the midst of the preoccupied life at court, Seneca exercises via his writing the very self-consciousness about the value of time that his treatise promotes in others.*"

10 O diálogo filosófico é endereçado ao prefeito da anona (em latim, *praefectus annonae*) ou intendente do abastecimento público de grãos, alto cargo na burocracia estatal romana para um cidadão da ordem equestre, isto é, rico, porém sem origem aristocrática. Supõem-se que Pompeius Paulinus tenha sido sogro de Sêneca, cuja esposa, como era tradição romana, levava o nome do pai, Pompeia Paulina. Paulino teria exercido entre os anos 48 e 55 d.C. a função da qual Sêneca propõe que ele se afaste para dedicar-se à filosofia.

11 Em latim, *affectus* ou *adfectus*, equivalente ao grego πάθος. Trata-se de uma emoção desmedida, um transtorno emocional, portanto, uma paixão. O termo tem caráter técnico no estoicismo, mas dificilmente traduzível por um só sinônimo (cf. SÊNECA, 2017, p. 64). No § 12 da epístola 75, que integra a coleção de cartas endereçadas por Sêneca a Lucílio, o autor diz o que é o *affectus*: "Afecções são condenáveis perturbações espirituais repentinas e exaltadas" (Ep. 75.12: "*Affectus sunt motus animi improbabiles, subiti et concitati*"). O termo é recorrente neste texto (6.3, 8.2, 10.1, 16.2, 17.1). Em português, a palavra "afecção" e não "afeto" carrega a essência da ideia

como uma "anormalidade psíquica" e "alteração patológica do corpo", conforme o *Dicionário Eletrônico Houaiss*, muito condizente com a concepção estoica, que propõe que sejam identificados estados de transtorno passionais até mesmo pelas manifestações físicas, como afirma Sêneca, p. ex., em vários momentos da obra *Sobre a ira*, sendo esta uma das paixões condenadas por ele. No entanto, no presente diálogo, a palavra "sentimento" parece veicular com mais propriedade a ideia proposta por Sêneca, que evita a tecnicalidade no seu uso, exceto no § 10.1, em que se optou pelo termo "paixões", evocando o conceito grego.

12 Hipócrates de Cós (c. 460-c. 380 a.C.), *Aforismos* 1.1: "ὁ μὲν βίος βραχύς, ἡ δὲ τέχνη μακρή". A versão latina feita por Sêneca (*"uitam breuem esse, longam artem"*) introduz o verbo no que era uma frase nominal grega e o quiasmo com adjetivos centrais e substantivos nas pontas. A tradução para o português costuma ser "a vida é breve, a arte é longa". Aqui, optou-se pela apropriação do verso da famosíssima canção "Querida", de Tom Jobim.

13 De acordo com L.D. Reynolds (1988, p. 239), Sêneca teria sido traído pela memória (*"Seneca uidetur memoria deceptus Aristotelem pro Theophrasto nominauisse"*). A afirmação seria de Teofrasto, discípulo de Aristóteles (384-322 a.C.), conforme *Tusculanas* 3.69, obra de Cícero, que cita Aristóteles um pouco antes no mesmo trecho. No entanto, Williams (2003, p. 120) pondera, seguindo Giovanni Viansino, que essa pode ter sido uma tática do autor, não um engano, com o intuito de dar peso ao argumento, elencando dois nomes da mesma estatura: Hipócrates e Aristóteles.

14 A fortuna (em latim, *fortuna*), também em português (*Dicionário Eletrônico Houaiss*) é sinônimo de sorte, ventura, tal como o termo é usado por Sêneca. A mesma palavra representa a deusa Fortuna, cultuada em Roma. O termo é recorrente no texto (4.1, 4.4, 5.3, 7.9, 9.1, 10.2, 10.4, 11.2, 17.1, 17.4). Observe-se que há divergência neste ponto dos manuscritos, portanto, outros editores e tradutores adotam *formae* (beleza) ao invés de *fortunae*.

15 Imagem de pessoas que se deixam levar e são surpreendidas pelo destino desanimadas e desinteressadas ocorre também no diálogo filosófico senequiano *Sobre a tranquilidade da alma* 2.6: "Estão todos no mesmo caso, tanto estes que se deixam afetar pela frivolidade e pelo

tédio e pela constante mudança de propósito, aos quais sempre agrada mais o que deixaram para trás, como aqueles que esmorecem e ficam bocejando" ("*Omnes in eadem causa sunt, et hi qui leuitate uexantur ac taedio assiduaque mutatione propositi, quibus semper magis placet quod reliquerunt, et illi qui marcent et oscitantur*").

16 Supostamente, Homero, autor da *Ilíada* e da *Odisseia*. Talvez Virgílio, autor da *Eneida*. A passagem não pode, no entanto, ser atribuída a qualquer um deles, pois não sobreviveu outra fonte que a identifique com clareza. L.D. Reynolds (1988, p. 240) salienta que já se tentou atribuir tal frase a outros autores (Menandro, Simônides, Eurípides e Ênio). Williams (2003, p. 125), mais uma vez, destaca a intenção de Sêneca de dar peso ao argumento.

17 A palavra latina traduzida por "descanso" é *otium*. Como observa Williams (2003, p. 127), esta é a única ocorrência nos textos senequianos desse termo associado a ablativo de separação (*a cupiditatibus suis*), com valor semântico distinto do conceito de ócio abordado neste diálogo filosófico e em outros do mesmo autor, incluindo o destinado especificamente ao tema (*De otio*), que integra esta publicação.

18 Na Roma antiga, havia uma prática social conhecida como *clientela* (em latim), em que um protetor (*patronus*) era visitado diariamente por seus apadrinhados (*clientes*), os quais o acompanhavam em um giro pela cidade, numa demonstração de prestígio político e de poder econômico. Tanto o servilismo, de um lado, como a falta de privacidade, de outro, além do comprometimento do tempo de ambos, são insistentemente criticados por Sêneca ao longo deste diálogo filosófico. Cf. 3.2, 7.6, 14.4, 15.2.

19 "*Nemo se sibi uindicat*": essa formulação em latim é usada por Sêneca também na primeira de suas epístolas a Lucílio, a quem ele recomenda: "*uindica te tibi*", isto é, "toma posse de ti mesmo". Cf. *Edificar-se para a morte* – Das cartas morais a Lucílio (2016, p. 15).

20 A mudança temporária do pronome de segunda pessoa singular (tu) para o plural (vós) está no texto latino. Williams argumenta (2003, p. 134) que a mensagem agora é dirigida aos leitores em geral. Cf. 6.4, nota 44.

21 Williams (2003, p. 135) observa que as duas idades de referência serão retomadas no final do diálo-

go, dando pistas de que seria possível um afastamento parcial da vida pública aos 50 anos, talvez dos deveres militares, e que, aos 60, o cidadão romano estaria livre de outros compromissos cívicos, como integrar o Senado. Cf. 20.4.

22 Sêneca é um reconhecido autor de máximas parenéticas (*sententiae*, em latim), frases de impacto retórico veiculando ensinamentos filosóficos. A sentença "*quam serum est / tunc uiuere incipere / cum desinendum est*" é claramente estruturada em três partes e caracterizada pela eufonia. Uma tradução mais literal poderia ser "Como é tardio então começar a viver quando se deve terminar".

23 Uma formulação bastante próxima sobre os riscos da arrogância do poder encontra-se no diálogo filosófico *Sobre a tranquilidade da alma*, 10.5-6: "E não devemos ter inveja dos que estão acima de nós; o que parecia ser as alturas é o abismo. Pelo contrário, aqueles que a má sorte colocou no precipício estarão mais seguros eliminando a arrogância de uma situação que é por si só arrogante e nivelando sua fortuna tanto quanto puderem. De fato, há muitos que, se apegando inextricavelmente ao seu pedestal, só podem descer de lá caindo". Também no desfecho da epístola 94 de Sêneca é abordada a ideia de que quanto maior a altura, maior a queda: "Que ele exponha os que são felizes, segundo avaliação do vulgo, tremendo e atônitos naquele seu pedestal de causar inveja, com uma opinião sobre si mesmos muito diferente da que os outros têm deles. Pois, o que para os outros parece ser as alturas, para eles, é o abismo. Assim, se amedrontam e vacilam cada vez que mergulham os olhos naquele precipício da própria magnificência".

24 Otaviano (63 a.C.-14 d.C.), agraciado como Augusto, foi o *princeps* que deu início ao Império Romano. Ele é um dos *exempla* usados por Sêneca na defesa de uma vida menos comprometida com atividades alheias ao exercício da filosofia, o que põe em xeque o valor histórico das afirmações, segundo Williams (2003, p. 138).

25 Em latim: *res publica*. O termo aparece quatro vezes no texto (4.2, 5.1, 12.3 e 18.1). Trata-se da "coisa pública", ou seja, o Estado como o entendemos hoje, mas também o regime republicano. Por fim, refere-se também à agitada gestão da coisa pública ou à máquina pública, expressão muito corrente no Brasil. Optou-se sempre por "re-

pública" na tradução, até porque, neste ponto, uma certa ironia histórica pode transparecer no texto.

26 Sêneca parece referir-se aqui à ideia de *cum dignitate otium*, a partir do discurso de defesa *Pro Sestio*, do tratado de retórica *De oratore* 1.1 e da epístola *Ad familiares* 1.9.21, obras de Cícero, conforme Williams (2003, p. 139). *Sest* 98: "*Quid est igitur propositum his rei publicae gubernatoribus quod intueri et quo cursum suum derigere debeant? Id quod est praestantissimum maximeque optabile omnibus sanis et bonis et beatis, cum dignitate otium*", ou seja: "Portanto, qual é o propósito que estes governantes da República devem almejar e ao qual devem dirigir sua carreira? Isto que é, para todas as pessoas sãs e boas e felizes, o mais valioso e o mais desejado, o ócio com dignidade" (aqui, talvez, numa perspectiva mais pública do que privada, de acordo com Nótárí (2016, p. 284) e Bragova, 2016 (p. 46) – Cf. Referências).

27 Williams (2003, p. 139) afirma que a única referência a esta carta é a deste texto de Sêneca. Admitindo-se que ela tenha existido, é dada como perdida.

28 Alusão às guerras civis que se seguiram à morte de Júlio César (44 a.C.), na perseguição implacável de Otaviano contra os assassinos do tio-avô e pai adotivo, incluindo as batalhas de Mutina (43 a.C.) e Filipos (42 a.C.); contra os colegas (em latim, *collegis*), numa referência a Marco Emílio Lépido e a Marco Antônio, que compuseram o Segundo Triunvirato com Otaviano (43-33 a.C.), com os quais ele rompeu posteriormente; contra os parentes, sugere o embate com a filha Júlia e outros de seus descendentes em meio a uma política de retomada de valores romanos mais conservadores, por exemplo, de repressão ao adultério.

29 Williams (2003, p. 141) sugere uma interpretação para cada um dos pontos da rota de Otaviano. Macedônia: alusão às batalhas de Filipos (42 a.C.), em que morreram cidadãos romanos ilustres; Sicília: refere-se à derrota de Sexto Pompeu, filho de Pompeu Magno, inimigo de Júlio César, que dificultava o fornecimento de provisões para Roma por controlar os mares da Itália, na batalha de Náuloco (36 a.C.); Egito: após a derrota de Marco Antônio em Áccio (31 a.C.), ele perseguiu o general e sua amante Cleópatra, rainha egípcia; por fim, resolveu pacificamente outras questões na Síria e na Ásia Menor.

30 Williams (2003, p. 142) registra que as conspirações listadas pelos nomes de seus líderes cobrem uma década: Marco Emílio Lépido, filho do triúnviro (29 a.C.), Lúcio Varrão Murena e Fânio Cepião (23 ou 22 a.C.), Marco Egnácio Rufo (19 a.C.). Todos foram executados.

31 Júlia, filha de Augusto, foi presa por adultério e traição e exilada em 2 a.C. na ilha de Pandateria.

32 Iulo, filho de Marco Antônio, um dos amantes de Júlia, foi forçado ao suicídio em 2 a.C.

33 No comentário, Sêneca alude a Júlia e a Iulo como se fossem uma nova Cleópatra e um novo Marco Antônio.

34 Marco Túlio Cícero (106-43 a.C.), grande orador romano, cônsul em 63 a.C., exilado brevemente em 58 a.C., é o segundo *exemplum* usado por Sêneca na argumentação em favor de uma vida retirada da agitação política.

35 Lúcio Sérgio Catilina liderou uma conspiração que foi reprimida no consulado de Cícero. Públio Clódio Pulcro foi denunciado em 61 a.C. por Cícero por ter violado cultos secretos e, em 58 a.C., fez aprovar a *lex Clodia de capite ciuium*, que condenava quem tivesse executado cidadãos romanos sem julgamento, claramente dirigida contra Cícero, que, sendo cônsul, executara participantes da conjuração de Catilina.

36 Pompeu Magno e Marco Licínio Crasso, influentes aliados, que não evitaram o exílio de Cícero.

37 Williams (2003, p. 145) nota como o longo período é estruturado de forma a evocar a escrita ciceroniana.

38 Ático, amigo de Cícero, a quem foi endereçado um conjunto de cartas. Supõe-se que a carta em questão seja *Att.*13.31.3, de 28 de maio de 45 a.C., segundo Traina e Pierini. Eles observam que Sêneca teria feito a citação de memória, visto que não é exata (Pierini, 2014, p. 270): "Naquela carta, Cícero usa a forma plural *semiliberi* para descrever sua condição, mas num contexto conceitualmente distinto". A citação original de Cícero: "*Obsecro, abiciamus ista et semiliberi saltem simus; quod adsequemur et tacendo et latendo*", ou seja: "Eu peço, deixemos disso [isto é, de tentar influenciar Júlio César] e sejamos ao menos semilivres, o que conseguiremos ficando calados e sendo discretos". Para Williams, as alusões a Pompeu e a seu filho colocariam a carta mencionada por Sêneca numa data anterior a março de

45 a.C. (2003, p. 147): "Fica a suspeita de que ele reconheceu o potencial do adjetivo em *Att.*13.31, isolou-o do original e inventou um novo contexto ciceroniano para ele".

39 Pompeu Magno foi derrotado por Júlio César em Farsália, na Grécia, em agosto de 48 a.C. e seu filho Gneu, em Munda, na Bética (atual sul da Espanha), em março de 45 a.C.

40 O terceiro *exemplum*, Marco Lívio Druso (c. 124-91 a.C.), fora eleito tribuno da plebe um ano antes de ser morto, tendo proposto leis reformadoras que angariaram muito apoio popular e causaram polêmica, por fim, derrubadas no Senado.

41 Os irmãos Tibério Graco (133 a.C.) e Caio Graco (123 a.C.) foram tribunos da plebe no final do século II a.C., tendo promovido a reforma agrária, gerando tensão política. O primeiro foi assassinado, o segundo se matou.

42 Os meninos das famílias aristocráticas romanas usavam a toga com borda purpúrea, chamada *praetexta*, até os 16 anos, quando atingiam a maioridade. Conforme Williams (2003, p. 150): "Druso atua precocemente na defesa, uma atividade muito mais demandante que a acusação".

43 Williams (2003, p. 151) afirma que "desejando fortalecer a possibilidade de suicídio, Sêneca cuidadosamente relativiza a opinião geral de que Druso foi assassinado", sendo que, na *Consolação a Márcia* 16.4, ele mesmo trata essa morte como um assassinato, como o fazem também outras fontes literárias romanas.

44 Mais uma vez, Sêneca se dirige ao coletivo com "*uestra me hercules uita*". Cf. 3.4 e nota 11.

45 Em latim, *nullius rei difficilior scientia est*. A ideia deste parágrafo é retomada mais ao final do livro, no § 19.2: "*uiuendi ac moriendi scientia*", ou seja, "a ciência do viver e do morrer".

46 Sêneca evoca a prática da "*meditatio mortis*", de origem platônica (*Fedo* 67e), que consiste em refletir antecipadamente sobre o momento da morte, numa preparação espiritual, conforme as epístolas 54.2, 70.18 e 30.18: "*Mortem ut numquam timeas semper cogita*", ou seja: "Pensa sempre na morte para que não a temas nunca" (SÊNECA, 2016, p. 51). Nova ocorrência de *sententia* com três elementos compositivos (cf. nota 22):
"*uiuere tota uita discendum est et, / quod magis fortasse miraberis, / tota uita discendum est mori*".

47 Em latim, *incultum otiosumque*. Esta ocorrência do adjetivo traduzido por "ocioso" tem o valor comum de "inativo, inutilizado, perdido" e não a acepção de "ativo filosoficamente, dedicado à sabedoria", como se verá no § 14.1: "*soli omnium otiosi sunt qui sapientiae uacant*", ou seja: "dentre todos, desfrutam do ócio só os que reservam tempo para a sabedoria".

48 Em latim: *omnes illi qui te sibi aduocant tibi abducunt*. Na epístola 62.2, Sêneca afirma-se dono de seu tempo, com argumento semelhante: "Quando me dedico aos amigos não me furto a mim mesmo nem me demoro com aqueles que só uma ocasião nos reuniu ou uma razão decorrente de função pública" ("*Cum me amicis dedi non tamen mihi abduco nec cum illis moror, quibus me tempus aliquod congregauit aut causa ex officio nata ciuili*").

49 O termo em latim *captantium* é traduzido por "dos que caçam heranças", numa representação de prática que parece ter sido disseminada na Roma imperial, reportada no *Satíricon* 116, de Petrônio: "Quantos homens vejam nesta cidade, saibam vocês que estão divididos em dois grupos: ou caçam (*captant*), ou são caçados (*captantur*), eis a verdade. Nesta cidade, ninguém tem filhos, pois qualquer um que tiver seus próprios herdeiros não é convidado nem para os banquetes nem para os espetáculos" (trad. de Cláudio Aquati). O *ille... simulatus aeger* – literalmente, "aquele... que tendo simulado estar doente" – é também um tipo social, que se aproveita da atenção dos que caçam heranças. Entre os muitos epigramas de Marcial que ridicularizam o caçador de heranças está o 5.39, que lhe dá voz: "Refizeste o testamento / trinta vezes e eu mandava / bolo banhado em tomilho. / Basta, Carino, tem dó! / Refaz menos ou dá vez / à falsa tosse teimosa. / Zerei meu cofre e meu bolso. / Fosse eu mais rico que o rei, / já seria até mendigo / se comesses minhas favas" ("*Supremas tibi triciens in anno / signanti tabulas, Charine, misi. / Hyblaeis madidas thymis placentas. / Defeci: miserere iam, Charine: / signa rarius, aut semel fac illud, / mentitur tua quod subinde tussis. / Excussi loculosque sacculumque: / Croeso diuitior licet fuissem, / Iro pauperior forem, Charine, / si conchem totiens meam comesses*").

50 O uso da segunda pessoa plural em meio a muitas invocações à segunda pessoa singular, segundo Williams (2003, p. 159-160), destaca o tom de

"confrontação" decorrente do uso da forma de tratamento "tu" e da abordagem a uma massa de "*occupati*" a quem se dirige o "*uos*".

51 Em latim: *non ille diu uixit sed diu fuit*. Sêneca estabelece uma diferença entre viver (*uixit*) e durar ou existir (*fuit*), como na epístola 93.4 (SÊNECA, 2016, p. 130): "'Viveu 80 anos'. Melhor, existiu por 80 anos, a não ser que, talvez, digas que ele viveu assim como se diz que árvores vivem" ("'*Octoginta annis uixit.*' *Immo octoginta annis fuit nisi forte sic uixisse eum dicis quomodo dicuntur arbores uiuere*"). Importa notar como, além da confluência semântica, também a estrutura sintática adversativa (*non... sed...*) é próxima neste ponto do tratado e na epístola 93.3: "Um homem desses não viveu, mas demorou-se na vida – e não é que morreu tarde, mas levou muito tempo a morrer" ("*Non uixit iste, sed in uita moratus est, nec sero mortuus est, sed diu*").

52 Conforme Traina (2009, p. 18), a descrição de um aparente ciclone é metáfora da vida desperdiçada pela pessoa que teve uma vida bastante longa, mas sem direção, referida imediatamente antes.

53 No estoicismo, constituem o gênero dos incorpóreos – em grego, ἀσώματος – o tempo, o vazio, o espaço e o exprimível. Como salienta Williams (2003, p. 165), Sêneca aborda o tempo como algo real, ainda que não visível ou tangível, e da ordem da ética, não apenas da física, como era para os primeiros estoicos: "Para Sêneca, por outro lado, e mais tarde para Marco Aurélio, o tempo é em si um problema moral, e os seus diferentes usos inevitavelmente afetam (e são afetados por) nossa condição moral e prioridades na vida. Em contraste com a tradição estoica anterior, então, o tempo em Sêneca não é *per se* um ente de valor independente do que acontece no tempo". Na epístola 58.22, Sêneca (2016, p. 76) afirma que "o sexto gênero é o das coisas que *quasi* são, tal como o vazio, tal como o tempo" ("*sextum genus eorum, quae quasi sunt: tamquam inane, tamquam tempus*"). O termo latino *quasi* pode ser traduzido por "como se", resultando, portanto, na seguinte ideia: é "como se" algumas coisas existissem (*quae quasi sunt*) em relação a outras "que são" (*quae sunt*), p. ex., pessoas, rebanhos. Sobre o tema, cf. a epístola 58 (SÊNECA, 2016, p. 69-81).

54 Em latim: *ideoque, uilissime aestimatur, immo paene nullum eius pretium est*. Sêneca aborda esta mesma

ideia, a da ignorância acerca do valor do tempo, na epístola 1.2 (SÊNECA, 2016, p. 16): "Quem tu podes citar que ponha algum preço no tempo, que atribua um valor ao dia, que compreenda que está morrendo diariamente?" (*"Quem mihi dabis, qui aliquod pretium tempori ponat, qui diem aestimet, qui intellegat se cotidie mori?"*).

55 Sêneca utiliza a nomenclatura específica *annua* e *congiaria*, respectivamente, referindo-se a pensões e doações em dinheiro, que ficavam a critério do imperador, conforme Williams (2003, p. 166).

56 Neste ponto, há divergência de edição do texto latino. Algumas edições (p. ex., *The Loeb Classical Library* (1932), e Alfonso Traina) mantêm o termo *aegros*, que consta dos manuscritos, acompanhando *eosdem*, ou seja, "esses mesmos doentes". Reynolds deleta a palavra, seguido por Williams (2003, p. 166).

57 Como fazem os suplicantes, abraçando os joelhos das pessoas a quem pedem proteção.

58 Em latim: *atqui facile est quamuis exiguum dispensare quod certum est*. O uso equilibrado do tempo de vida é tema recorrente na obra filosófica de Sêneca, p. ex., na epístola 48.12: "Mesmo se restasse muito tempo de vida, seu uso deveria ser bem dosado para que fosse suficiente ao necessário" (*"Etiam si multum superesset aetatis, parce dispensandum erat, ut sufficeret necessariis"*). O verbo *dispensare* aparece nas duas construções com a ideia, conforme a tradução, de administrar, regular, economizar, portanto, dosar.

59 Possível alusão a *topos* da literatura antiga, abordado pelo poeta Propércio na elegia 4.11, um louvor fúnebre à matrona Cornélia, que oferece apaixonadamente os anos que não viveu para a soma da vida do marido Paulo (verso 95: *"quod mihi detractum est, uestros accedat anos"*).

60 Divergência entre editores do texto latino nesse ponto. Em latim: *Potestne quicquam esse leuius hominum eorum iudicio qui prudentiam iactant?* É adotada a lição de Housman apud J.D. Duff (1915), conforme Williams (2003, p. 170), que diverge de L.D. Reynolds e de Alfonso Traina, os quais trazem: *"Potestne quicquam †sensus hominum eorum dico† qui prudentiam iactant?"*

61 Em latim: *quod in manu fortunae positum est disponis, quod in tua dimittis*. A ideia de que o hoje está

em nossas mãos aparece também na epístola 1.2, endereçada a Lucílio (SÊNECA, 2016, p. 16): "Abraça todas as horas. Assim, acontecerá de dependeres menos do amanhã se tiveres tomado o hoje em tuas mãos" (*"Omnes horas complectere. Sic fiet ut minus ex crastino pendeas, si hodierno manum inieceris"*).

62 A expressão *protinus uiue* evoca o *carpe diem* de Horácio (*Carm.* 1.11.8): "aproveita o dia, confiando o mínimo no amanhã" (*"carpe diem, quam minimum credula postero"*). A proposição epicurista é abordada nas epístolas de Sêneca, como em 101.10 (2016, p. 137): "Por isso, meu caro Lucílio, apressa-te em viver e supõe que um dia é uma vida" (*"ideo propera, Lucili mi, uiuere, et singulos dies singulas uitas puta"*). A expressão também dá título a uma publicação sobre o diálogo filosófico de Sêneca: "*Protinus uiue* – Colloquio sul *De breuitate uitae* di Seneca", reunindo palestras do evento, realizado na Itália em 1994. Cf. Referências.

63 Em latim: *uelut diuino ore instinctus*. A frase vem traduzida aqui seguindo a bela solução tanto de William Lee ("como inspirado por divinos lábios") como de José Eduardo Lohner ("como que inspirado por lábios divinos").

64 Versos de Virgílio nas *Geórgicas* 3.66-67, que Sêneca cita e comenta também na epístola 108.24-29. Sêneca busca a autoridade e explora os versos virgilianos na sua argumentação acerca do valor do tempo, principalmente da fase inicial da vida. O poema didático de Virgílio trata do período mais indicado para a procriação do gado bovino. Na tradução de António Feliciano de Castilho (versos 66-68): "Ai, como a flor da vida e quanto nela existe fenece! Os males vêm, vem a velhice triste, as canseiras e a morte, o fim tirano e certo" (*"Optima quaeque dies miseris mortalibus aeui / prima fugit; subeunt morbi, tristisque senectus / et labor, et durae rapit inclementia mortis"*). Na epístola, Sêneca desenvolve argumento sobre as diferentes interpretações, filosófica e filológica, desses versos, em que o poeta escolhe o verbo *fugit* para retratar a rapidez com que passa a vida dos seres mortais: o gado bovino, no poema de Virgílio; nos textos de Sêneca, os humanos.

65 Papirius Fabianus (c. 35 a.C.-35 d.C.) foi discípulo de Quintus Sextius, filósofo romano eclético, que teria liderado a única escola de filosofia de origem romana, de base neopitagórica (GRIFFIN, 1976, p. 37-40). O

primeiro é mencionado, p. ex., na epístola de Sêneca 58.6 (2016, p. 71); o segundo, na epístola 64.2.

66 Em latim: *non probat cauillationes*. A frase é considerada interpolação por alguns editores do texto latino. Segundo Williams (2003, p. 176), *cauillatio* é termo técnico em latim, portanto, não esclarecedor, o que torna improvável o argumento da interpolação. Sêneca usa o mesmo termo na epístola 82.8 para criticar argumentos falaciosos usados no discurso filosófico (SÊNECA, 2016, p. 121): "Ora, a meditação frequente fará firme o teu peito se treinares não o discurso, mas o espírito, se te prepararares para enfrentar a morte, contra a qual não vai te animar nem te entusiasmar quem tentar te persuadir com sofismas de que a morte não é um mal" (*"Faciet autem illud firmum adsidua meditatio, si non uerba exercueris sed animum, si contra mortem te praeparaueris, aduersus quam non exhortabitur nec attollet qui cauillationibus tibi persuadere temptauerit mortem malum non esse"*).

67 À época de Sêneca, a basílica era um grande edifício muito movimentado, que abrigava os magistrados e, nos pórticos inferiores, os comerciantes. Como observa Williams (2003, p. 187), se o uso do termo no singular se referir a Roma, trata-se provavelmente da *Basilica Iulia*, que abrigava o tribunal dos centúnviros, constituído por cem juízes que julgavam os negócios civis. As intensas atividades jurídicas tinham que ser encerradas no pôr do sol.

68 A formulação latina *hasta praetoris* evoca um leilão público: espetava-se no chão a lança do pretor, principal magistrado, demarcando o espaço para venda de bens de devedores do tesouro público. Conforme Williams (2003, p. 188), Sêneca parece evocar um leilão pouco competitivo, no qual se praticam preços aviltantes para os bens confiscados, que serão revendidos.

69 Propriedade rural da elite romana, mantendo-se o termo em latim *uilla*.

70 Em latim: *Corinthia*. Objetos de Corinto, referindo-se às famosas peças de bronze dessa cidade grega.

71 Em latim: *cerōma*. Sêneca recorre habilmente à metonímia, pois o termo vem do grego κήρωμα, aludindo à prática esportiva de origem helênica pelo unguento, composto de cera e azeite, que era usado por atletas, daí também "rebanhos de lutadores lustrosos" (*"unctorum*

suorum greges"). Aqui há divergência entre edições do texto latino. Em Traina (2009, p. 26), consta "*iumentorum suorum greges*", seguido por algumas traduções no Brasil. O menosprezo de Sêneca pelos atletas desse tipo de luta fica evidente em outras obras, por exemplo, na epístola 80.2: "Penso comigo como são muitos os que exercitam seus corpos, tão poucos os que exercitam suas mentes; quantos correm para um espetáculo, mesmo inverídico e ilusório, e quanta solidão cerca as artes nobres; quão fracos de espírito são aqueles dos quais admiramos os bíceps e as espáduas" ("*Cogito mecum quam multi corpora exerceant, ingenia quam pauci; quantus ad spectaculum non fidele et lusorium fiat concursus, quanta sit circa artes bonas solitudo; quam inbecilli animo sint quorum lacertos umerosque miramur*"). Por isso, na sequência, temos a imagem de que continuamente novos atletas são sustentados – ou apascentados como rebanhos – pelo patrono.

72 Aqui há divergência entre os editores do texto latino. Williams (2003, p. 192) publica "*in flexus modulationis inertissimae*", como também Traina (2009, p. 27), diferindo neste ponto de L.D. Reynolds (SENECA, 1988, p. 253), que traz "*in flexus modulationis ineptissimae*". Reynolds segue a lição de Erasmo de Roterdã, já Williams e Traina aderem ao manuscrito ω.

73 Sêneca descreve a agitação de um banquete romano, relatando as atividades dos escravos, e inclui mais detalhes na epístola 47.5-7: "Quando nos reclinamos para cear, um escravo limpa os escarros, outro, abaixado ao pé do leito, coleta os vômitos dos bêbados. Mais um trincha aves caras: guiando sua mão treinada em movimentos precisos do peito ao cóccix, as faz em pedaços – pobre infeliz, que vive só pra isto, cortar aves gordas com técnica, exceto que quem ensina isto em razão do prazer é ainda mais miserável do que quem aprende em razão da necessidade. Outro escravo, o escanção, adornado como uma mulher, luta contra a idade – não pode escapar da puerícia, é tragado de volta, pronto para o serviço militar, com seus pelos raspados ou arrancados pela raiz, passa em claro a noite toda, que ele divide entre a embriaguez e a libido do seu senhor, sendo homem no quarto, menino no banquete" ("*Cum ad cenandum discubuimus, alius sputa detergit, alius reliquias temulentorum toro subditus colligit. Alius pretiosas aues scindit; per pectus et clunes certis ductibus circumferens eruditam manum frusta excutit, infelix, qui huic uni rei uiuit, ut altilia de-*

center secet, nisi quod miserior est, qui hoc uoluptatis causa docet quam qui necessitatis discit. Alius uini minister in muliebrem modum ornatus cum aetate luctatur; non potest effugere pueritiam, retrahitur, iamque militari habitu glaber retritis pilis aut penitus euulsis tota nocte peruigilat, quam inter ebrietatem domini ac libidinem diuidit et in cubiculo uir, in conuiuio puer est").

74 Merece ser citada a epístola 55.1, em que Sêneca se justifica por ter passeado de liteira: "Acabo de chegar de um passeio tão cansado de ficar sentado quanto se tivesse andado, pois cansa ser carregado muito tempo e não sei se não cansa mais, porque é contra a natureza, que nos deu pés para andarmos, olhos para enxergarmos. As delícias nos debilitaram e o que não se usa se perde" (*"A gestatione cum maxime uenio non minus fatigatus, quam si tantum ambulassem, quantum sedi. Labor est enim et diu ferri, ac nescio an eo maior, quia contra naturam est, quae pedes dedit, ut per nos ambularemus, oculos, ut per nos uideremus. Debilitatem nobis indixere deliciae, et quod diu noluimus, posse desimus"*).

75 Sêneca aproxima etimologicamente o adjetivo *delicatus* e o substantivo plural *deliciae*, que, nos dicionários latinos, além da acepção de "delícias da vida, prazeres", também é associado a "afetação" e a "perversão". A mesma aproximação consta do *Dicionário Eletrônico Houaiss*, onde o elemento de composição *laç-* inclui a seguinte explicação: "*delicio, is* 'atrair com afagos, mimar', donde *deliciae, arum* 'delícias, prazeres; afetação, delicadeza', que deu em *delicatus, a, um*, conotação 'voluptuoso, efeminado'". Na epístola 24.11 (SÊNECA, 2016, p. 36), o autor apresenta a languidez e suas futilidades (em latim, *languore ac deliciis*) como um problema em sua época: "Não te levo de volta à história, nem reúno os que têm demonstrado desdém pela morte através dos séculos, que são muitos. Olha para a nossa época, da qual nos queixamos pela languidez e pelas futilidades: surgirão pessoas das diferentes ordens, de diferentes sortes, de idades diferentes, que se desligaram de seus males com a morte" (*"Non reuoco te ad historias nec ex omnibus saeculis contemptores mortis, qui sunt plurimi, colligo; respice ad haec nostra tempora, de quorum languore ac deliciis querimur: omnis ordinis homines suggerent, omnis fortunae, omnis aetatis, qui mala sua morte praecidierint"*). Na epístola 82.2 (SÊNECA, 2016, p. 118), o autor é mais específico: "Costumamos ouvir elogiarem assim a vida de alguns que são invejados: 'Vive na moleza', querendo dizer 'é um molen-

ga'. De fato, pouco a pouco, o espírito vai se afrouxando e se assemelhando à sua ociosidade e à preguiça em que se deixa ficar. E então? Não é melhor ao homem endurecer-se? [...] depois, homens delicados temem o mesmo, a morte, à qual fizeram semelhante a própria vida. É grande a diferença entre o ócio e o túmulo" (*"Audire solemus sic quorundam uitam laudari quibus inuidetur: 'molliter uiuit'; hoc dicunt, 'mollis est' paulatim enim effeminatur animus atque in similitudinem otii sui et pigritiae in qua iacet soluitur. Quid ergo? Uiro non uel obrigescere satius est? [...] deinde idem delicati timent, [morti] cui uitam suam fecere similem. Multum interest inter otium et conditiuum"*).

76 Adota-se aqui o entendimento de Williams (2003, p. 196) de que Sêneca teria adaptado o idiomatismo latino *"uiuus uidensque"*, significando "vivo e no domínio de suas faculdades", conforme o *Oxford Latin Dictionary*, daí, a tradução "se está vivo e consciente" (*"an uiuat, an uideat"*).

77 Em latim: *mimus*. O termo pode ser aplicado tanto para o artista como para a peça teatral farsesca, que incluía música, dança e até nudez. Traina (2009, p. 29) comenta que os versos dos autores de mimos refletiam com frequência a moral popular, agradando Sêneca, como fica claro na epístola 8.8: "Quantos poetas dizem coisas ou que foram ditas ou que deveriam ser ditas pelos filósofos! Nem falo dos trágicos ou das nossas *togatas*, que têm alguma seriedade e ficam entre as comédias e as tragédias. Quantos versos excelentes há nos mimos!" (*"Quam multi poetae dicunt, quae philosophis aut dicta sunt aut dicenda! Non adtingam tragicos nec togatas nostras. Habent enim hae quoque aliquid seueritatis et sunt inter comoedias ac tragoedias mediae. Quantum disertissimorum uersuum inter mimos iacet!"*).

78 Ulisses, também chamado Odisseus, é o principal personagem do poema épico grego *Odisseia*, atribuído a Homero, bem como a *Ilíada*, ambas as obras supostamente do século VIII a.C.

79 Cônsul durante a primeira guerra púnica, Caio Duílio derrotou os cartagineses da Sicília na Baía de Milazzo (em latim, *Mylae*), cidade na província de Messina, em 260 a.C., celebrando em 259 a.C. o primeiro triunfo romano em uma batalha naval (WILLIAMS, 2003, p. 201).

80 O cônsul Mânio Cúrio Dentato venceu Pirro, rei de Epiro, norte da Grécia, em Benevento, na Cam-

pânia, sul da Itália, em 275 a.C., e o desfile triunfal apresentou em Roma quatro elefantes (WILLIAMS, 2003, p. 201).

81 Em latim: *Caudex*. Ápio Cláudio Cáudice, cônsul em 264 a.C., que teria liderado a primeira travessia marítima da Itália até a Sicília, para combater a aliança entre Hierão II de Siracusa e os cartagineses (WILLIAMS, 2003, p. 201).

82 Em latim: tanto *codices* como *caudices*. Traina (2009, p. 31) aponta que a dupla grafia decorre do fechamento do ditongo na pronúncia popular e que a etimologia tem origem em Varrão (*apud Nonium*): "porque muitas tábuas unidas os antigos diziam ser '*codices*'; a partir disso chamamos '*codicarias*' as embarcações no Rio Tibre" ("*Quod antiqui pluris tabulas coniunctas codices dicebant; a quo in Tiberi nauis codicarias appellamus*"). O adjetivo latino *caudicarius* ou *codicarius*, significando "feito de pedaços de madeira ligados", resulta também no substantivo latino plural *caudicarii* ou *codicarii* para identificar os barqueiros.

83 Foi Marco Valério Máximo Messala, cônsul em 263 a.C., que forçou Hierão II de Siracusa a um acordo com Roma, celebrando um triunfo também pela conquista de Messina (em latim, *Messana*). Especialistas (WILLIAMS, 2003, p. 202) questionam se a atribuição, neste texto senequiano, dessa vitória a Valerio Messala Corvino (64 a.C.-8 d.C.), um contemporâneo de Augusto, teria sido ou não intencional, talvez para ridicularizar a erudição.

84 Traina (2009, p. 31) aponta uma falsa etimologia *Messana > Messal<l>a*. Williams (2003, p. 202) reproduz a explicação de K. Meister (1916) de que a mudança teria ocorrido por analogia, com dissimilação de [n] em [l].

85 Lúcio Cornélio Sula foi pretor em 93 a.C., quando patrocinou os extravagantes *ludi Apollinares*, com a exibição de cem leões, segundo relato de Plínio (*História Natural* 8.53), conforme Williams (2003, p. 203). Sula foi cônsul em 88 e 80 a.C., ditador em 82 e 79 a.C.

86 Rei da Mauritânia entre 110 e 80 a.C., Boco era sogro de Jugurta, rei da Numídia, e foi persuadido por Sula a trair o genro, tornando-se um aliado de Roma.

87 Cneu Pompeu Magno foi cônsul três vezes (70, 55 e 52 a.C.), tendo patrocinado os referidos jogos no seu segundo consulado, celebrando a inauguração do primeiro teatro permanente de Roma, segundo Williams

(2003, p. 203). Cícero relata o episódio na epístola *Ad familiares* 7.1.3.

88 Os editores divergem: Traina (2009, p. 31) mantém "condenados" (em latim, *noxiis*) dos manuscritos mesmo que outras fontes não corroborem a informação, ao passo que outros, como Reynolds e Williams, acompanham a lição de M.C. Gertz (1874), corrigindo para "inocentes" (em latim, *inoxiis*), que tem respaldo no relato de Plínio (*História Natural* 8.20).

89 De acordo com Williams (2003, p. 204), esse desfecho do parágrafo pode ser entendido, seguindo Gertz, como se Pompeu Magno deliberasse consigo sobre o evento. Formulação semelhante é encontrada num diálogo da peça de teatro senequiana *Tiestes* (verso 257): "Espada? É pouco. E o fogo? Ainda é pouco".

90 Pompeu Magno foi protagonista nas guerras civis, em que houve derramamento de sangue do povo romano. Foi degolado em 48 a.C. pelo eunuco Aquilas (TRAINA, 2009, p. 32), quando buscava refúgio no Egito, semanas depois da derrota para Júlio César na sangrenta batalha da Farsália. Williams (2003, p. 206) ressalva que, embora Aquilas, comandante das tropas do rei egípcio Ptolomeu XIII, estivesse diretamente envolvido no assassinato ocorrido no desembarque na orla de Alexandria, é ao próprio rei cliente que Sêneca pode estar aludindo com menoscabo porque ele deveria servir a Pompeu. Quanto à ironia de Sêneca sobre a majestade do cognome "Magnus", cf. a epístola 91.17, que se refere ao general macedônico Alexandre Magno: "ele devia perceber como era falso seu cognome" ("*intellegere debebat falsum se gerere cognomen*").

91 Sêneca retoma o homem mencionado na passagem 13.3.

92 Lúcio Cecílio Metelo, cônsul em 251 a.C., derrotou o cartaginês Asdrúbal no ano seguinte em Panormo, hoje Palermo, na Sicília. Fontes antigas citam de 60 até 142 elefantes nesse desfile triunfal (WILLIAMS, 2003, p. 207).

93 O *pomerium* é uma demarcação física de caráter religioso na antiga cidade de Roma, portanto, um espaço considerado sagrado e submetido a velhos costumes, mas que chegou a ser ampliado algumas vezes, embora persistam controvérsias quanto a certas datas e nomes.
É relevante observar a provável carga de ironia do

texto senequiano quanto à ignorância de fatos históricos pelo suposto erudito ou ainda uma crítica às novas práticas de demarcação (WILLIAMS, 2003, p. 209). Sula fez uma ampliação e, depois dele, Júlio César e Augusto, p. ex.

94 Das sete colinas de Roma, o Monte Aventino fica mais ao sul e foi comprovadamente incluído no *pomerium* pelo Imperador Cláudio na ampliação dos anos 49-50 d.C., o que é, por vezes, usado para datar tentativamente este texto filosófico como prévio a este feito (WILLIAMS, 2003, p. 208-209).

95 Segundo a lenda, os irmãos Rômulo e Remo interpretaram, nos voos dos pássaros, os augúrios para a fundação de Roma. Rômulo, no Monte Palatino, contou 12 pássaros e Remo, no Aventino, apenas seis.

96 Williams diverge de Reynolds em dois momentos no trecho do texto latino: opta pelo dativo *"Remo auspicanti"*, no lugar do ablativo absoluto, e prefere o manuscrito ω, que traz *"farta sunt mendaciis aut similia"*.

97 Cf. nota 65.

98 Uma falsa imagem do ócio é exposta na epístola 55.4-5, a respeito de Servílio Vátia, antigo pretor que se isolou no campo e sobre quem se falava: "'Ó, Vátia, só tu sabes viver'. Mas ele sabia esconder-se, não viver. Há uma grande diferença entre ter uma vida de ócio e uma vida de moleza. Toda vez que eu passava em frente desta *uilla*, quando Vátia era vivo, eu sempre dizia: 'Vátia se enterrou aqui'. Mas é tão sagrada e venerável a filosofia, meu prezado Lucílio, que até uma mentira que se assemelhe a ela já agrada. De fato, o povo considera que um homem retirado está no ócio, despreocupado e contente consigo, vivendo para si, o que só pode acontecer ao sábio. Só ele sabe viver para si mesmo. Mais importante, ele, de fato, sabe viver. Ora, quem foge das coisas e dos homens, quem a infelicidade privou dos seus prazeres, quem não suportou ver outros mais felizes, quem se escondeu como um animal assustado com medo não vive para si, mas – o que é mais detestável – vive para a gula, a preguiça, a luxúria" (*"'O Vatia, solus scis uiuere'. At ille latere sciebat, non uiuere. Multum autem interest utrum uita tua otiosa sit an ignaua. Numquam aliter hanc uillam Vatia uiuo praeteribam quam ut dicerem: 'Vatia hic situs est'. Sed adeo, mi Lucili, philosophia sacrum quiddam est et uenerabile ut etiam, si quid illi simile est, mendacio placeat. Otiosum enim*

hominem seductum existimat uulgus et securum et se contentum, sibi uiuentem, quorum nihil ulli contingere nisi sapienti potest. Ille solus scit sibi uiuere. Ille enim, quod est primum, scit uiuere. Nam qui res et homines fugit, quem cupiditatum suarum infelicitas relegauit, qui alios feliciores uidere non potuit, qui uelut timidum atque iners animal metu oblituit, ille sibi non uiuit, sed, quod est turpissimum, uentri, somno, libidini").

99 O pensamento de Sêneca não se volta apenas ao passado, mas é prospectivo, como se vê na epístola 64.7: "Assim venero as descobertas da sabedoria e seus descobridores. É agradável aderir à herança de muitos: são conquistas minhas, são esforços meus. Mas façamos o papel de um bom pai de família, vamos ampliar o que recebemos, que eu transmita herança maior aos pósteros. Ainda resta muito a fazer e muito restará: nem pra alguém nascido daqui a mil gerações será vedada a chance de fazer acréscimos" (*"Ueneror itaque inuenta sapientiae inuentoresque; adire tamquam multorum hereditatem iuuat. Mihi ista adquisita, mihi laborata sunt. Sed agamus bonum patrem familiae; faciamus ampliora, quae accepimus, maior ista hereditas a me ad posteros transeat. Multum adhuc restat operis multumque restabit, nec ulli nato post mille saecula praecludetur occasio aliquid adhuc adiciendi"*).

100 O próprio espírito toma a palavra de Sêneca na epístola 102.22: "Todos os anos são meus. Nenhum século se fecha às grandes mentes. Nenhum tempo é impermeável ao pensamento" (*"Omnes inquit, anni mei sunt. Nullum saeculum magnis ingeniis clusum est, nullum non cogitationi peruium tempus"*).

101 Carnéades de Cirene (214-129 a.C.), sucessor de Sócrates e fundador da Nova Academia, berço do ceticismo com argumentos antitéticos, esteve em 155 a.C. em Roma, membro de uma embaixada de filósofos helênicos.

102 A prática retratada é a cerimônia da *salutatio*, a visita matinal de clientes a seus patronos, recebendo como compensação a *sportula*, uma doação em dinheiro ou mantimentos, durante a qual a identificação nominal dos visitantes ao senhor da casa era feita pelo escravo com a função de *nomenclator*. Cf. nota 9.

103 Neste ponto do texto latino, Williams (2003, p. 216) se afasta de Reynolds, adotando a interpolação sugerida por E. Courtney (1974), em virtude do problema de haplografia, ou seja, erro de copistas nos manus-

critos: "*Hos in ueris oficiis morari putamus? <Immo id facere illos potius> licet dicamos qui Zenonem...*".

104 Zenão de Cício (335-263 a.C.), fundador do estoicismo.

105 Sêneca não está simplesmente elencando nomes, mas sugerindo como se pode estabelecer com os maiores filósofos uma relação proveitosa de "clientelismo", ou seja, o contato diário com suas doutrinas. A expressão latina "*antistites bonarum artium*" pode ser entendida também como "mestres da filosofia".

106 Como observa Williams (2003, p. 224), Sêneca evoca neste trecho a ideia central de uma *sententia* de Publílio Siro: "É feliz quem morre antes de invocar a morte" ("*Mori est felicis antequam mortem inuoces*"). Cf. nota 14.

107 Sêneca alude ao mito do nascimento de Hércules, filho da humana Alcmena com o maior dos deuses, Júpiter (Zeus para os gregos), que, apaixonado, prolongou sua noite de amor, conforme a peça *Anfitrião*, de Plauto.

108 Sêneca alude ao Rei Xerxes I (486-465 a.C.), como exemplo da arrogância do poder, e às Guerras Médicas, em que os persas combateram uma aliança de cidades gregas na batalha terrestre das Termópilas e na marítima de Salamina, ambas em 480 a.C., sendo derrotados em Plateias (479 a.C.), planície na região da Beócia, onde teriam se reunido num número de 300 mil. Sobre o choro do rei persa, cf. *Histórias* 7.45-46, de Heródoto.

109 Interessa notar que dubiedade na interpretação do texto latino leva tradutores a soluções distintas no trecho "*cum haec quoque quibus se attollunt et super hominem efferunt parum sincera sint?*", conforme Williams (2003, p. 230). Para ele, o pronome *haec* retoma o substantivo *gaudia* (alegrias) enquanto Traina (2009, p. 39) prefere *tempora* (momentos). A tradução optou pelo anacronismo super-homens, que dispensa mais explicações.

110 Neste ponto, Williams (2003, p. 232) se afasta de Reynolds, adotando a lição de Gruter, com Traina (2009, p. 40). Optam pelo verbo *distinetur* e não *detinetur*, esta, conforme a lição de Erasmo de Roterdã, nem seguem *destinetur*, do manuscrito ω. Assim, a ideia que prevalece nesta tradução é a de "desviar-se de uma ocupação para outra" e não a de "ocupar-se de" ou "destinar-se a uma ocupação", respectivamente.

111 Caio Mário (157-86 a.C.) foi general romano vitorioso na guerra contra Jugurta, rei da antiga Numídia, no norte da África, elegendo-se cônsul em 107 a.C. e mais seis vezes (WILLIAMS, 2003, p. 233).

112 Lúcio Quíncio Cincinato (519-439 a.C.) foi um modelo cívico para os romanos porque, sendo chamado da sua propriedade rural a exercer a função de ditador para a qual tinha sido escolhido pelo Senado em 458 a.C., debelada a crise, renunciou ao posto e retomou suas atividades agrícolas. Depois, só em 439 a.C., volta a ser chamado à função de ditador (WILLIAMS, 2003, p. 233).

113 Públio Cornélio Cipião (236-183 a.C.), cognominado "Africano" por suas vitórias militares na África, lutou contra o general cartaginês Aníbal, em 202 a.C., na Batalha de Zama, mas em 211 a.C., aos 25 anos, já havia enfrentado Asdrúbal, tio de Aníbal, na Hispânia. Foi representante do seu irmão, o cônsul Lúcio Cornélio Cipião Asiático, nas tratativas com Antíoco, rei da Síria derrotado em 189 a.C. na Batalha de Magnésia. Cipião exilou-se em Literno, na Campânia, em 184 a.C., após acusações de malversação de recursos (WILLIAMS, 2003, p. 234-235).

114 Uma estátua de Cipião Africano foi colocada no templo de Júpiter Capitolino só depois de sua morte, homenagem que recusou em vida (WILLIAMS, 2003, p. 234-235). Os manuscritos latinos trazem duas versões: *reponetur*, indicativo futuro, e *reponeretur*, subjuntivo imperfeito, com o sentido de "colocar" ou "recolocar", daí podem ocorrer diferentes traduções. Williams segue Reynolds, adotando a forma verbal de futuro.

115 Após a referência a Paulino em 1.1, só agora Sêneca volta a se dirigir a ele pelo nome.

116 Sêneca retoma a metáfora do mar agitado, já utilizada nas passagens 2.3 e 7.10. Conforme Traina (2009, p. 41) e Williams (2003, p. 236), a imagem do porto como reduto seguro é recorrente na tradição greco-romana.

117 A virtude (em latim: *uirtus*) aqui não é a virtude do sábio estoico, a *recta ratio*, como nota Williams (2003, p. 236), até porque Paulino não se dedica ainda à Filosofia. Por isso, a palavra é vertida muitas vezes por "valor". Esta não foi, contudo, a opção feita nesta tradução, que, considerando o uso comum do termo, se manteve, nesse passo, etimológica.

118 Em latim: *frumenti publici*.

119 Williams (2003, p. 240) nota que a afirmação de Sêneca sobre a proximidade da morte do imperador Caio César (12-41 d.C.), mais conhecido como Calígula, é vaga demais para fundamentar a datação do texto latino. Calígula foi assassinado em 22 ou 24 de janeiro de 41 d.C.

120 Pesquisadores aceitam uma crise de abastecimento no inverno de 40-41 d.C., mas não é possível associá-la diretamente à construção, em 39 d.C., de uma ponte de barcos de carga sobre a Baía de Nápoles, a exemplo do que fez o rei persa Xerxes no Helesponto (WILLIAMS, 2003, p. 241-242). Sobre Xerxes, cf. nota 108.

121 Em latim: *summa dissimulatione, tantum inter uiscera latentis mali tegebant*. Algumas traduções especificam se tratar da escassez de grãos na provisão pública, adotando "vísceras do Estado". Optei pela ambiguidade entre a fome e a mentira.

122 Num movimento dramático, Sêneca passa a listar os maiores problemas físicos e metafísicos da filosofia frente às agruras tão terrenas da rotina administrativa de Paulino. Praticar o ócio será buscar respostas para essas tantas perguntas, que se assemelham a uma série apresentada no prefácio 1.3 do livro 1 de *Naturales Quaestiones*, obra de maturidade de Sêneca voltada para questões da filosofia natural: "Quanto a mim, então, agradeço à natureza, não quando vejo o que ela mostra a todos, mas quando, ao adentrar seus segredos mais íntimos, aprendo de que matéria é feito o universo, quem é o seu criador ou guardião, o que é deus, se ele se volta totalmente para si ou se alguma vez se volta também para nós, se a cada dia faz uma coisa ou se fez tudo de uma vez, se é parte do mundo ou o próprio mundo, se lhe é permitido ainda hoje decretar e emendar a lei do destino ou se abala a sua majestade confessar o erro de ter feito coisas que precisam ser alteradas" (*"Equidem tunc rerum naturae gratias ago cum illam non ab hac parte uideo qua publica est, sed cum secretiora eius intraui, cum disco quae uniuersi materia sit, quis auctor aut custos, quid sit deus, totus in se tendat an et ad nos aliquando respiciat, faciat cotidie aliquid an semel fecerit, pars mundi sit an mundus, liceat illi hodieque decernere et ex lege fatorum aliquid derogare, an maiestatis deminutio sit et confessio erroris mutanda fecisse"*).

123 Na epístola 65.19, que aborda a etiologia, isto é, o estudo das causas, a partir dos pontos de vista platônico, aristotélico e estoico, Sêneca se estende sobre os temas da matéria e da forma, defendendo a estreita relação entre a física e a ética, duas das três frentes do estoicismo, além da lógica. Ali também ele elenca perguntas (SÊNECA, 2016, p. 95): "Eu não devo investigar os princípios do universo? Quem dá forma às coisas? Quem distinguiu todas as coisas imersas no uno e misturadas na matéria inerte? Não devo investigar quem é o artífice deste mundo? Que razão é essa que trouxe para tamanha dimensão lei e ordem? Quem coligiu o que estava disperso, desembaralhou o que estava confuso, divisou uma configuração para o que repousava disforme? De onde emana tanta luz? É fogo ou algo mais luminoso que o fogo?" ("*Ego non quaeram quae sint initia uniuersorum? Quis rerum formator? Quis omnia in uno mersa et materia inerti conuoluta discreuerit? Non quaeram quis sit istius artifex mundi? Qua ratione tanta magnitudo in legem et ordinem uenerit? Quis sparsa collegerit, confusa distinxerit, in una deformitate iacentibus faciem diuiserit? Unde lux tanta fundatur? Ignis sit, na aliquid igne lucidius?*").

124 Com base no livro 2.1-2 da obra de Sêneca *Naturales Quaestiones*, pode-se propor uma hierarquia do conhecimento, como num eixo vertical ascendente, do que é terreno (*terrena*) para o sublime (*sublimia*) até o celestial (*caelestia*): "Toda investigação acerca do universo se divide entre o celestial, o sublime, o terreno. A primeira parte examina a natureza dos astros e a magnitude e a forma das estrelas que cercam o mundo, se é sólido o céu e de matéria é firme e concreta ou se é uma tessitura de matéria tênue e sutil, se o movem ou se tem moto próprio, e se tem astros abaixo de si ou se estão fixos em seu tecido, de que modo preserva as estações do ano, faz retroceder o sol e tudo o mais que se assemelha a isso. A segunda parte trata do que acontece entre o céu e a terra. Aqui, se encaixam nuvens, chuvas, neves, <ventos, terremotos, raios> 'e os trovões que agitam as mentes humanas' [OVÍDIO. *Metamorfoses* 1.55], tudo o que o ar causa ou sofre. A isso chamamos 'sublime', porque ocorrem num nível superior ao do solo. A terceira parte investiga águas, terras, árvores, plantas e, para usar um termo jurídico, todo bem de raiz" ("*Omnis de uniuerso quaestio in caelestia sublimia terrena diuiditur. Prima pars naturam siderum scrutatur, et magnitudinem et for-*

mam ignium quibus mundus includitur, solidumne sit caelum ac firmae concretaeque materiae, an ex subtili tenuique nexum, agatur an agat, et infra se sidera habeat an in contextu sui fixa, quemadmodum anni uices seruet, solem retro flectat, cetera deinceps his similia. Secunda pars tractat inter caelum terrasque uersantia. Hic sunt nubila imbres niues <uenti terrarum motus fulmina>, 'et humanas motura tonitrua mentes', quaecumque aer facit patiturue. Haec sublimia dicimus, quia editiora imis sunt. Tertia illa pars de aquis terris arbustis satis quaerit, et, ut iurisconsultorum uerbo utar, de omnibus quae solo continentur").

125 Para os estoicos, o bem é a virtude (*uirtus*), composta da moderação (*temperantia*), coragem (*fortitudo*), prudência (*prudentia*) e justiça (*iustitia*), conforme a epístola 120.11 (SÊNECA, 2016, p. 149): "Passamos a entender que era nesse homem que residia a perfeita virtude. Nós a dividimos em partes: convinha refrear os desejos, reprimir o medo, planejar o que devia ser feito, distribuir o que era devido. Apreendemos a temperança, a coragem, a prudência, a justiça, e a cada uma atribuímos sua função" (*"Intelleximus in illo perfectam esse uirtutem. Hanc in partes diuisimus: oportebat cupiditates refrenari, metus comprimi, facienda prouideri, reddenda distribui: conprehendimus temperantiam, fortitudinem, prudentiam, iustitiam et suum cuique dedimus officium"*).

126 Sêneca alude aos senadores, que vestiam a toga com borda na cor púrpura, chamada *praetexta*, e aos que dentre eles, eleitos cônsules, davam nome ao ano de seu consulado, conforme a prática romana de datação.

127 Há divergências entre editores quanto à identidade desse personagem. Williams (2003, p. 251) opta por identificá-lo como o primeiro *praefectus annonae*, que teria exercido o controle contábil das provisões do Império Romano entre os anos 14 e 48 d.C., suposto antecessor de Paulino.

128 Alusão aos funerais das crianças, que eram conduzidos à noite à luz de velas.

129 O texto apresenta breve lacuna inicial, conforme identificado por especialistas a partir do manuscrito.

130 Sêneca alude aqui ao estado de autossuficiência associado, na filosofia antiga, ao conceito grego da αὐτάρκεια, em português, "autarcia", que decorre da autonomia em relação a estímulos externos. Cf. *Sobre a brevidade da vida* 18.1 e a obra de Sêneca *Naturales Quaestiones* IVa, praef.1.2:

"nosso pobre espírito ora inflamos com a soberba, ora esgarçamos com a cobiça, umas vezes desgastamos com a volúpia, outras vezes exaurimos com muitas atribulações. O mais triste é que nunca estamos isolados, o que torna inevitáveis as repetidas rixas, numa convivência tão intensa com os vícios" (*"Infelicem animum nunc superbia inflamus, nunc cupiditate distendimus, alias uoluptate lassamus, alias sollicitudine exurimus. Quod est miserrimum, numquam sumus singuli; necesse est itaque adsidua sit in tam magno uitiorum contubernio rixa"*).

131 Em correlação a *Sobre a brevidade da vida*, 14.2.

132 A imagem usada aqui por Sêneca ganha força com o conhecimento da fábula de Esopo sobre a raposa e o leão, referida por Williams (2003, p. 67). O leão, fingindo-se doente, atrai animais solidários, como a raposa, que é a única a notar que só há pegadas entrando, nenhuma deixando a toca da fera.

133 Sêneca introduz um dispositivo dramático, a interação forjada, tecnicamente chamada *sermocinatio*, que toma toda a passagem 1.4, incluindo uma citação literária dentro de uma fala que está dentro do diálogo ficcional.

134 A mudança abrupta da 2ª pessoa singular para 2ª pessoa plural reforça a ideia de pertencimento à comunidade estoica.

135 Em latim: *senili manu*. Aqui o editor do texto latino (WILLIAMS, 2003, p. 69) segue a correção de Haase, adotada por Reynolds, enquanto o manuscrito ω traz a improvável oração *eniti manu*, mantida por Dionigi (1983, p. 138).

136 O pronome de 1ª pessoa plural ganha ênfase no latim, referindo-se aos seguidores do estoicismo. Essa é uma forma recorrente em Sêneca para confirmar sua adesão ao grupo. Tb. em 4.1, 6.4, 7.4 e 8.1.

137 Verso do poema épico *Eneida* IX.612, de Virgílio, autor latino do século I a.C.: *"canitiem galea premimus"*.

138 Quando fala de uma morte não ociosa, Sêneca faz, provavelmente, alusão ao suicídio, melhor entendido pelos antigos como "morte voluntária", aceita pelos estoicos em circunstâncias específicas, quando a vida se torna insuportável por razões de saúde ou até mesmo políticas. Cf. o ex. de Catão de Útica, recorrente na obra filosófica senequiana, como na epístola 24.6 (SÊNECA, 2016, p. 34): "E por que não devo falar que ele lia o livro de Pla-

tão naquela última noite, com a espada colocada junto à cabeça? Naquela situação extrema, ele havia contemplado dois instrumentos, um que o estimulasse a morrer, outro que tornasse isso possível. Logo, resolvida a situação, tanto quanto podia ser resolvida uma situação crítica e derradeira, ele considerou necessário evitar que a alguém ou fosse permitido matar ou coubesse salvar Catão" (*"Quidni ego narrem ultima illa nocte Platonis librum legentem posito ad caput gladio? Duo haec in rebus extremis instrumenta prospexerat, alterum ut uellet mori, alterum ut posset. Compositis ergo rebus, utcumque componi fractae atque ultimae poterant, id agendum existimauit ne cui Catonem aut occidere liceret aut seruare contingeret"*).

139 Inserção de trecho, replicado na tradução, em favor da clareza da argumentação de Sêneca.

140 Epicuro (341-270 a.C.) e Zenão de Cício (335-263 a.C.) são fundadores das correntes filosóficas helenísticas do epicurismo e do estoicismo. Do ponto de vista da tradução, para nutrir a alegoria de dois lados num campo de batalha, o epicurista e o estoico, que Sêneca aparenta estar desertando, pode-se optar por "Por que falas das instruções de Epicuro em pleno bastião de Zenão?", considerando-se que o termo latino *principia* (*in ipsis Zenonis principiis*) também significa "quartel-general".

141 Relevante esclarecimento é dado por Williams (2003, p. 71) sobre Zenão e Crisipo (c. 280-207 a.C.), terceiro líder da escola estoica, terem recomendado a atuação política, mas nunca a terem praticado. Sêneca sugere que uma coisa é seguir preceitos, outra é seguir exemplos.

142 Em *Sobre a brevidade da vida* 20.4, Sêneca afirma que homens com mais de 50 anos não eram recrutados.

143 Em latim: *acutissimo animo*. A proposta de Williams (2003, p. 73) tenta sanar divergências dos editores.

144 As sacerdotisas de Vesta, protetoras do fogo sagrado para os romanos, cumpriam, verdadeiramente, três etapas de 10 anos cada: aprender, executar e ensinar os ritos sagrados (WILLIAMS, 2003, p. 73).

145 O termo latino traduzido por "bancada" é *factio*, que resulta em português "facção". A tradução é atividade que leva a encruzilhadas: manter o termo do contexto cultural de Sêneca ou trazer para a cena política brasileira atual?

146 Em latim: *res publica*. O termo aparece com frequência no texto (3.3, 4.1, 4.2, 6.5, 8.1, 8.2 e 8.3). Em estrito senso, trata-se da "coisa pública", ou seja, o Estado como o entendemos hoje, mas também o regime republicano, isto é, a República. Ainda se refere à agitada gestão da coisa pública ou à máquina pública, expressão muito corrente no Brasil. Cf. nota 25 em *Sobre a brevidade da vida*. Contudo, no presente texto, o termo é empregado diversas vezes em sua acepção ampla, de uma comunidade de interesses comuns, associando-o ao conceito estoico de cosmopolitismo ou comunidade universal.

147 Na epístola 22.5, Sêneca menciona Epicuro e uma carta do mentor epicurista dirigida a um discípulo, na qual admite circunstâncias excepcionais: "Leia a carta de Epicuro que trata desse assunto, endereçada a Idomeneu, a quem ele pede que fuja e corra o mais rápido antes que intervenha alguma força maior e roube a sua liberdade de recolher-se [ao ócio]" (*"Epicuri epistulam ad hanc rem pertinentem lege, Idomeneo quae inscribitur, quem rogat ut quantum potest fugiat et properet, antequam aliqua uis maior interueniat et auferat libertatem recedendi"*).

148 Em latim: *bonis artibus*. A expressão traduzida como "nobres artes" pode ser equivalente ao estudo da filosofia. Cf. nota 105 em *Sobre a brevidade da vida*.

149 Pode-se, talvez, estender o conceito estoico de cosmopolitismo ou consciência cívica universal (WILLIAMS, 2003, p. 79) à filosofia de Edgard Morin, defensor do pensamento de que o ser humano é cidadão do universo (MORIN, 2000, p. 47: "Conhecer o humano é, antes de mais nada, situá-lo no universo, e não o separar dele"). O estoicismo concebe como lei comum a deuses e seres humanos (em grego: κὸινος νόμος) que a reta razão (em latim: *recta ratio*; em grego: λόγος) perpassa e rege todo o universo (SCHOFIELD, 1999).

150 As referências a Atenas, cidade grega, e a Cartago, antiga cidade do norte da África inimiga dos romanos nas guerras púnicas, são retomadas em 8.2 como exemplos de opressão aos pensamentos filosóficos.

151 Williams (2003, p. 81) associa alguns nomes citados em *Sobre a brevidade da vida* a essas categorias: entre os que se dedicaram à república menor, Augusto (4.2) e Cícero (5.1); os filósofos (14.2), à maior.

152 Sobre aspectos da virtude segundo o estoicismo, cf. nota 125 em *Sobre a brevidade da vida*.

153 Na epístola 120.4, Sêneca (2016, p. 146) afirma: "Isto a natureza não pôde nos ensinar: ela plantou em nós a semente do conhecimento, não nos deu o conhecimento" (*"Hoc nos natura docere non potuit: semina nobis scientiae dedit, scientiam non dedit"*). A arte, entendida como habilidade ou técnica, pressupõe exercícios e experiências.

154 Williams (2003, p. 82) coloca Zenão entre os filósofos que falam em um só universo; Epicuro, múltiplos.

155 Sêneca alude à fórmula filosófica de Cleantes (331-232 a.C.), sucessor de Zenão à frente da escola estoica. Como argumenta Williams (2003, p. 86), Sêneca harmoniza o homem e a natureza por meio do pensamento (*cogitatio*), isto é, o exercício da razão, conforme a epístola 107.7 (SÊNECA, 2016, p. 142): "Não temos como mudar essa condição da realidade, o que podemos é desenvolver um espírito grandioso e digno de um bom homem para que enfrentemos bravamente o que é fortuito e entremos em harmonia com a natureza" (*"Hanc rerum condicionem mutare non possumus: illud possumus, magnum sumere animum et uiro bono dignum, quo fortiter fortuita patiamur et naturae consentiamus"*).

156 A lista de perguntas tem paralelo em *Sobre a brevidade da vida* 19.1 (cf. nota 123) e na epístola 65.19 de Sêneca.

157 Em latim: *indiuidua*. Trata-se do átomo (em grego: τὸ ἄτομον). Sêneca contrapõe pressupostos da física epicurista e da estoica sobre a constituição do universo. O atomismo é doutrina filosófica que concebe a realidade constituída de átomos, tendo sido introduzido por Epicuro o conceito de clinâmen, isto é, um desvio casual dos átomos na sua queda, permitindo colisão e agregação contínuas (WILLIAMS, 2003, p. 93). Para Epicuro, a infinitude de átomos pressupõe um vazio infinito, enquanto, para os estoicos, existe um vazio extracósmico, onde acontece a expansão do universo com sua conflagração periódica (idem, p. 95).

158 Quanto ao paradoxo do mortal em busca da imortalidade, cf. *Sobre a brevidade da vida* 3.4 e 15.4.

159 Sêneca defende a atuação em ambas as frentes, a ação cívica e a prática do ócio, conforme a epístola 3.5-6: "Assim, é de se repreender tanto os que estão sempre inquietos como os que sempre se aquietam. Pois a mente que se

regozija com o tumulto não é industriosa, mas exaltada com a correria. E a mente para a qual todo movimento é molesto não é quieta, mas indolente e embotada. Desse modo, que fique registrado no espírito o que li de Pompônio: 'Alguns se refugiaram nas sombras por julgarem que tudo o que vem à luz cai num turbilhão'. Estas coisas precisam se interligar: quem se aquieta tem que agir, quem age tem que se aquietar. Consulta a natureza: ela te dirá que fez tanto o dia como a noite" (*"Sic utrosque reprehendas, et eos qui semper inquieti sunt, et eos qui semper quiescunt. Nam illa tumultu gaudens non est industria sed exagitatae mentis concursatio, et haec non est quies quae motum omnem molestiam iudicat, sed dissolutio et languor. Itaque hoc quod apud Pomponium legi animo mandabitur: 'Quidam adeo in latebras refugerunt ut putent in turbido esse quidquid in luce est'. Inter se ista miscenda sunt: et quiescenti agendum et agenti quiescendum est. Cum rerum natura delibera: illa dicet tibi et diem fecisse se et noctem"*).

160 Sêneca retoma a primeira das três condições para que o sábio se afaste das atividades cívicas, apresentadas em 3.3.

161 Sêneca retoma a distinção entre o espaço da cidade convencional e a comunidade universal, como em 4.1.

162 A expressão latina é bastante específica, referindo-se ao cidadão romano da elite, não simplesmente "um homem de bem", mas, talvez, mais próxima de "um homem de bens", com habilidade oratória e formação em retórica.

163 Sêneca retoma a segunda das três condições para que o sábio se afaste das atividades cívicas, apresentadas em 3.3. Como salienta Williams (2003, p. 106), nenhum dos três escolarcas estoicos tinha *status* pleno na cidade de Atenas.

164 Observe-se que Sêneca volta ao argumento inicial de 3.3, sobre o epicurismo tomar o ócio como um propósito.

165 Acerca da imagem do porto seguro, cf. tb. *Sobre a brevidade da vida* 18.1 com nota 116.

166 Sêneca volta novamente à primeira das três condições para que o sábio se afaste das atividades cívicas. Cf. 3.3 e 6.3.

Vozes de Bolso

- *Assim falava Zaratustra* – Friedrich Nietzsche
- *O Príncipe* – Nicolau Maquiavel
- *Confissões* – Santo Agostinho
- *Brasil: nunca mais* – Mitra Arquidiocesana de São Paulo
- *A arte da guerra* – Sun Tzu
- *O conceito de angústia* – Søren Aabye Kierkegaard
- *Manifesto do Partido Comunista* – Friedrich Engels e Karl Marx
- *Imitação de Cristo* – Tomás de Kempis
- *O homem à procura de si mesmo* – Rollo May
- *O existencialismo é um humanismo* – Jean-Paul Sartre
- *Além do bem e do mal* – Friedrich Nietzsche
- *O abolicionismo* – Joaquim Nabuco
- *Filoteia* – São Francisco de Sales
- *Jesus Cristo Libertador* – Leonardo Boff
- *A Cidade de Deus – Parte I* – Santo Agostinho
- *A Cidade de Deus – Parte II* – Santo Agostinho
- *O conceito de ironia constantemente referido a Sócrates* – Søren Aabye Kierkegaard
- *Tratado sobre a clemência* – Sêneca
- *O ente e a essência* – Santo Tomás de Aquino
- *Sobre a potencialidade da alma* – De quantitate animae – Santo Agostinho
- *Sobre a vida feliz* – Santo Agostinho
- *Contra os acadêmicos* – Santo Agostinho
- *A Cidade do Sol* – Tommaso Campanella
- *Crepúsculo dos ídolos ou Como se filosofa com o martelo* – Friedrich Nietzsche
- *A essência da filosofia* – Wilhelm Dilthey
- *Elogio da loucura* – Erasmo de Roterdã
- *Utopia* – Thomas Morus
- *Do contrato social* – Jean-Jacques Rousseau
- *Discurso sobre a economia política* – Jean-Jacques Rousseau
- *Vontade de potência* – Friedrich Nietzsche
- *A genealogia da moral* – Friedrich Nietzsche
- *O banquete* – Platão
- *Os pensadores originários* – Anaximandro, Parmênides, Heráclito
- *A arte de ter razão* – Arthur Schopenhauer
- *Discurso sobre o método* – René Descartes
- *Que é isto – A filosofia?* – Martin Heidegger
- *Identidade e diferença* – Martin Heidegger
- *Sobre a mentira* – Santo Agostinho
- *Da arte da guerra* – Nicolau Maquiavel
- *Os direitos do homem* – Thomas Paine
- *Sobre a liberdade* – John Stuart Mill
- *Defensor menor* – Marsílio de Pádua

- *Tratado sobre o regime e o governo da cidade de Florença* – J. Savonarola
- *Primeiros princípios metafísicos da Doutrina do Direito* – Immanuel Kant
- *Carta sobre a tolerância* – John Locke
- *A desobediência civil* – Henry David Thoureau
- *A ideologia alemã* – Karl Marx e Friedrich Engels
- *O conspirador* – Nicolau Maquiavel
- *Discurso de metafísica* – Gottfried Wilhelm Leibniz
- *Segundo tratado sobre o governo civil e outros escritos* – John Locke
- *Miséria da filosofia* – Karl Marx
- *Escritos seletos* – Martinho Lutero
- *Escritos seletos* – João Calvino
- *Que é a literatura?* – Jean-Paul Sartre
- *Dos delitos e das penas* – Cesare Beccaria
- *O anticristo* – Friedrich Nietzsche
- *À paz perpétua* – Immanuel Kant
- *A ética protestante e o espírito do capitalismo* – Max Weber
- *Apologia de Sócrates* – Platão
- *Da república* – Cícero
- *O socialismo humanista* – Che Guevara
- *Da alma* – Aristóteles
- *Heróis e maravilhas* – Jacques Le Goff
- *Breve tratado sobre Deus, o ser humano e sua felicidade* – Baruch de Espinosa
- *Sobre a brevidade da vida & Sobre o ócio* – Sêneca
- *A sujeição das mulheres* – John Stuart Mill
- *Viagem ao Brasil* – Hans Staden
- *Sobre a prudência* – Santo Tomás de Aquino
- *Discurso sobre a origem e os fundamentos da desigualdade entre os homens* – Jean-Jacques Rousseau
- *Cândido, ou o otimismo* – Voltaire
- *Fédon* – Platão
- *Sobre como lidar consigo mesmo* – Arthur Schopenhauer
- *O discurso da servidão ou O contra um* – Étienne de La Boétie
- *Retórica* – Aristóteles
- *Manuscritos econômico-filosóficos* – Karl Marx
- *Sobre a tranquilidade da alma* – Sêneca
- *Uma investigação sobre o entendimento humano* – David Hume
- *Meditações metafísicas* – René Descartes
- *Política* – Aristóteles
- *As paixões da alma* – René Descartes
- *Ecce homo* – Friedrich Nietzsche
- *A arte da prudência* – Baltasar Gracián
- *Como distinguir um bajulador de um amigo* – Plutarco
- *Como tirar proveito dos seus inimigos* – Plutarco
- *Solilóquios / Da imortalidade da alma* – Santo Agostinho

LEIA TAMBÉM:

VOZES DE BOLSO
Literatura

O *Selo Vozes de Bolso – Literatura* se propõe a trazer ao público um novo tipo de trabalho em torno de grandes clássicos da literatura mundial. São todos textos já enaltecidos pela nossa tradição; porém, com alguns "aditivos" que agregam valor e força aos mesmos.

Um dos diferenciais desse selo é que todos os livros passaram por um trabalho minucioso, feito pelo pós-doutor em Letras Leandro Garcia Rodrigues, que consistiu em retomar as primeiras edições de cada obra, cotejá-las com outras edições e, assim, eliminar eventuais erros que acabaram se repetindo nas mais diversas edições modernas.

Esse cuidado no estabelecimento do texto final torna as obras do *Selo Vozes de Bolso – Literatura* ideais, tanto para o leitor que quer apreciar um clássico da literatura pelo simples prazer da leitura quanto para pesquisadores da área e estudantes em geral – inclusive àqueles que estão estudando para vestibulares e concursos. Especialmente para esse público há no final de cada livro um texto que convida o leitor a entrar no universo do autor e da obra, contextualizando o momento em que ela foi escrita e ressaltando suas conexões culturais e ideológicas. Esse texto final traz, ainda, um diálogo com outras linguagens artísticas, ou seja, como essas obras inspiraram peças de teatro, filmes e outras formas de arte. Além disso, em algumas delas foram incluídos textos que enriquecerão a leitura crítica do respectivo livro, como, por exemplo, a crônica que Machado de Assis escreveu sobre *Iracema*.

Conecte-se conosco:

f facebook.com/editoravozes

◉ @editoravozes

🐦 @editora_vozes

▶ youtube.com/editoravozes

🗨 +55 24 2233-9033

www.vozes.com.br

Conheça nossas lojas:

www.livrariavozes.com.br

Belo Horizonte – Brasília – Campinas – Cuiabá – Curitiba
Fortaleza – Juiz de Fora – Petrópolis – Recife – São Paulo

EDITORA VOZES LTDA.
Rua Frei Luís, 100 – Centro – Cep 25689-900 – Petrópolis, RJ
Tel.: (24) 2233-9000 – E-mail: vendas@vozes.com.br